《中医药院校特色通识教育读本》
编审委员会

U0711885

中医药院校特色通识教育读本

名人名医与中医

陆 翔 主编

中国中医药出版社
· 北 京 ·

图书在版编目（CIP）数据

名人名医与中医 / 陆翔主编 .—北京：中国中医药出版社，2016.5（2017.9 重印）
（中医药院校特色通识教育读本）

ISBN 978-7-5132-3241-8

Ⅰ.①名…　Ⅱ.①陆…　Ⅲ.①历史人物—生平事迹—中国　②中医学—医学家—生平事迹—中国　Ⅳ.① K82　② K826.2

中国版本图书馆 CIP 数据核字（2016）第 061633 号

中国中医药出版社出版

北京市朝阳区北三环东路 28 号易亨大厦 16 层

邮政编码　100013

传真　01064405750

河北省武强县画业有限责任公司印刷

各地新华书店经销

*

开本 710×1000　1/16　印张 9　字数 119 千字

2016 年 5 月第 1 版　2017 年 9 月第 3 次印刷

书号　ISBN 978-7-5132-3241-8

*

定价　29.00 元

网址　www.cptcm.com

社长热线　01064405720

购书热线　01064065415　01064065413

微信服务号　zgzyycbs

书店网址　csln.net/qksd/

官方微博　http：//e.weibo.com/cptcm

淘宝天猫网址　http：//zgzyycbs.tmall.com

总前言

　　《中医药院校特色通识教育读本》是由上海中医药大学联合安徽中医药大学作为发起单位，依托全国中医药高等教育学会教学管理研究会及教育科学研究会这一平台，吸纳相关中医药院校的专家共同完成。本系列读本首批出版 9 种，以后将逐步推出后续读本。

　　通识教育（博雅教育）的目的在于造就博学多识、通权达变、通情达理、眼光长远且兼备多种才能与优美情感的人才，属于高层次的文明教育和完备的人性教育。其核心在培养健全的"人"，其实质就是对自由与人文传统的继承。医乃仁术，更是人学。扎实的文化基础、良好的科学素养是培养卓越中医药人才的关键，也是目前院校教育亟待加强的薄弱环节。诸如"夫医者须上知天文，下知地理，中通人事""博极医源，精勤不倦""发皇古义，融会新知""将赡才力，务在博见"等古训所言之意正是如此。因此，有必要从中医药人才职业发展特点出发，以优秀民族文化的独特视角，挖掘中医药文化的内核，帮助学生在成长过程中学会不断反思，唤醒其积极美好的"慧根"，真正静心思考生命的价值，从而最终达到个人发展、人格完善与职业终极目标的有机统一。

　　本系列读本围绕通识教育特点，以体现中医药院校学科特色为宗旨，立足中医药学科内涵规律及其独特的"审美"维度，在主题选取上既重视传统治学中有价值的瑰宝，又广泛涉及文学、历史、哲学和社会科学、自然科学基础等各个领域，努力做到传统与现代、东方与西方、人文社会学与医学科学等诸多因素的协调融合，从经史子集、古今中医名家的诗词书画著作赏析、人与社会的关系、现代科技发展动态等几个维度出发，满足读者获取知识、提高素养的要求。读本在语言风格上力求雅俗共赏、饱含情趣、详于叙事、略于说明，体现"学习尽在其中、情怀尽在其中，故事尽在其中"的写作特色。

令人感动的是，严世芸教授、王键教授等中医教育大家怀着对中医药事业的强烈使命感亲自参与策划，同时，各位作者在繁忙的教学和科研工作之余，仍以一腔热情，组成跨校、跨学科的共同体，潜心投入读本编写之中。首批读本的编写历时两年余，其间召集各类研讨活动二十余次，其编写过程本身就创造了一次次沉淀学术、积极思辨、凝练共识的机会。在此，对各位前辈和同道致以崇高的敬意。

期待通过读本写作这一纽带，引发大家对中医药教育和医学事业的深度思考，尤其希望获得各位读者的学习心得和智慧贡献，以致教学相长，共同进步。

上海中医药大学副校长

胡鸿毅

全国中医药高等教育学会常务理事、教学管理研究会理事长

2014 年 9 月

前　言

　　五千年的历史孕育了独有的中华文明，中医药就是吮吸着中华文明的乳汁而形成和发展起来的。中华文明中的农耕文化、天文历算、哲学思想、人文精神等无不对中医药的形成与发展产生了根本性积极的作用。中医学作为华夏文明的重要组成部分，其对中华民族的繁衍与昌盛做出了积极的贡献。在这里，我们不可能将中医药的巨宏史篇展现给读者，仅想叙述一些我们所熟悉的历史人物与中医药的故事，使读者从这些故事中能够了解中医药是什么，是如何形成的，其在历史中与我们的生活、生产及社会发展是怎样一种关系。

　　本书精选了自上古时代至民国之间具有代表性的45位历史名人和名医，对他们的生平事迹进行叙述。这其中，有神农、黄帝、岐伯、伊尹等传说人物，有儒学之创立者孔子，有萧纲、隋文帝、隋炀帝、康熙、乾隆等帝王，有竹林七贤、陆贽、范仲淹、苏东坡等文人雅士，有张仲景、华佗、皇甫谧、孙思邈、钱乙、刘完素、李东垣、朱丹溪、李时珍、王肯堂、施今墨、蒲辅周、承淡安等名医代表。在中医的形成与发展历史中，他们或是将中医药从实践经验上升到理论的初创者，或是在其一生中与中医药结下不解之缘的帝王、圣贤和文人雅士，大多数还是直接从事中医药学实践的医家。从阅读这些与中医药息息相关的历史

人物的生平事迹入手，对于初学中医者而言，确是了解中医的一个绝佳
途径。

本书编委会

2016 年 3 月

目　录

神农——尝百草发现药物的农神 ……………………… 1

"岐黄"——奠定中医学基石的圣帝贤臣 ……………… 4

伊尹——从烹调走向汤液的"亚圣" …………………… 7

孔子——逆境中高寿的圣人 …………………………… 9

扁鹊——全科宗师式的神医 …………………………… 13

华佗——全科兼备的中医"外科鼻祖" ……………… 19

张仲景——特定时代造就的"医圣" ………………… 23

董奉——谱写"杏林春暖"佳话的贤医 ……………… 31

竹林七贤——研究养生之道的魏晋学者群 ………… 33

皇甫谧——首部针灸专著的撰写者 ………………… 36

葛洪夫妇——中医"口袋书"的创始者 ……………… 40

陶弘景——与医药结缘的"山中宰相" ……………… 45

萧纲——拟就《劝医论》的皇帝 …………………… 51

隋文帝、隋炀帝——重视医学的父子皇帝 ………… 53

孙思邈——百科全书式的"药王" …………………… 55

陆贽——撰就《陆氏集验方》的一代名相 ………… 61

范仲淹——立志"不为良相，则为良医"的名臣 …… 63

王惟一——首创研究与教学兼备之针灸铜人的御医 … 65

苏东坡——关注养生与医药的文学家 ……………… 67

钱乙——儿科经方传千古的"儿科鼻祖" …………… 71

刘完素——以天地人一体观治疗热病的大家 …………… 76

张从正——治疗情志病的高手 ……………… 80

李东垣——医学继承与创新的楷模 ……………… 82

朱震亨——善于思辨的杂病学家 ……………… 87

朱橚——不爱皇位爱医学的皇子 ……………… 91

李时珍——世界公认的医药学家 ……………… 93

杨继洲——弘扬针灸的集大成者 ……………… 98

王肯堂——援儒从医的典范 ……………… 100

康熙——曾给曹雪芹祖父诊病的长寿皇帝 105

乾隆——善养生得长寿的皇帝 ……………… 108

叶天士——勤学善行的"天医星" ……………… 110

陈念祖——古代医学科普的实践者 ……………… 114

慈禧——驻颜有方的皇太后 ……………… 117

施今墨——立志革新弘扬医术的良医 ……………… 120

蒲辅周——勤恒严用求真知的医学探求者 ……………… 122

岳美中——自学成才的名医 ……………… 125

承淡安——近现代针灸学的先驱 ……………… 127

神农——尝百草发现药物的农神

关于医药的起源，有一个"神农尝百草"的神奇传说。"神农"因发明农耕技术而得名，是我国历史上伏羲之后、黄帝之前对华夏文明做出杰出贡献的标志性人物，被列入"三皇"。传说中，神农氏牛头人身，魁梧伟岸，力大无穷，是天上的土神（另有说是太阳神，即炎帝），投胎降临人间，"三岁知稼穑"，发明制作耒耜，教民开垦耕作，始种五谷以为民食。

太古时代，风雨雷电、洪水猛兽、疾病瘟疫时刻威胁着人类，人们的生活也十分艰苦，大家以共同采食野果草根、集体出猎打鱼为生，饥不择食，难免受毒害而得病，因病痛折磨而过早离世。勤劳勇敢、聪明善良的神农氏为此心中不安，他托着一只引路的"花蕊鸟"，翻山越岭，跋山涉水，四处寻找各种可以充饥的植物，尝试各种可以治病救人的花、实、根、叶。这些草木有酸的，有甜的，有苦的，有辣的，有的使人寒冷，有的令人燥热，有的清凉爽口，有的温润滋养，有的能止痛消肿，有的能让人精力倍增，也有的使人呕吐、腹泻甚至有强烈的毒性，服食后痛苦难当。神农氏怀着一颗为民求生之心，到山野之间采集草木，细心观察，仔细品尝，体会服食后的感受，并记录下来。他踏遍千山万水，遍尝天下百草，历经千辛万苦，终于尝出了稻谷、小麦、高粱可以充饥，带回种子让百姓种植；传说他还分辨出了365种草木的毒性有无、寒热甘苦、主治功用等药性，写成《神农本草经》，为天下百姓治病。

1

也有传说他使用了一种神奇的工具"赭鞭"，鞭打各种各样的草木，有毒无毒、寒热酸甜等各种药性都自然地显露出来；又有传说他在山中采药时获得一只奇兽"獐狮"，周身像水晶般透明，能吃百草百虫，各种药性可通过观察其脏腑、经络而一目了然，后因试服剧毒"千脚虫"而死，至今还有中药店供奉"獐狮"，民间也有"药不过獐狮不灵"的说法；还有说神农本身就是玲珑玉体，五脏六腑、十二经脉都能够看到，百草在身体内各行哪一经、有何药性、治何疾病一清二楚，天长日久就制定出人体十二经脉和写成《神农本草经》，而且他能化解从口进入体内的毒素，但终因尝试了有剧毒的断肠草而中毒身亡。

神话传说毕竟带有传奇和演义色彩，但"神农尝百草"是有确切的文献记载的，西汉《淮南子·修务训》（公元前140年左右）说："神农尝百草之滋味，水泉之甘苦，令民知所避就，一日而遇七十毒。"可能大家对此也会有所怀疑，一个人怎么可能"一日而遇七十毒"还能活下来呢？其实这里说的"一日"，指的是一"天干"（约36天），36、72是古代"天干地支"历法和时令中的常数，一般情况下不是确切的数字，而是具有文字修饰性质的习惯用语，"一日"与"七十"对比使用，不能按字面意思机械地理解，而是说在较短时间内很多次中毒，这是中国语言在修辞上的独特和神秘。

考古研究发现，距今7000至5000年前的新石器时代中期，已经有稻谷、小米和石斧、石镰、石铲、木铲、骨铲、骨锄、木耒、木杵、石磨盘、石磨棒、陶器等，反映了人类从游牧到定居、由渔猎到农耕的过渡和转变，一般认为这一时期就是神农时代。在神农时代这个由游猎向农耕过渡的时期，生产力还是比较低下，人们在采集野果、种子和挖取植物根茎过程中，由于饥不择食，自然会误食某些有毒植物而发生呕吐、腹泻，甚至会引起昏迷和死亡，也会因食用某些植物而使原来的中毒症状得以缓解。通过无数次口尝身受、实际体验，逐步认识到哪些植物对身体有益、有治疗作用，哪些有害、有毒副作用，进而有意识地加以利用，这就是早期植物药的发现。由此可见，"神农尝百草"是有社会基础的，"神农"无非是从蛮荒走向农耕文明时期时我国劳动人民的化身，"尝百草"反映了我国古代先民在生产生活实践中认识药物并逐步积累经验的历史过程，"一日而遇七十毒"则说明人类在发现药物的过程中付出了巨大的代价。

神农制耒耜，种五谷，尝百草，定药性，被后世尊奉为农耕之祖、医药之神，许许多多神奇的故事至今仍广为传颂。其尝百草的传说，可以说是我们的祖先在生产生活实践中发现医药的真实写照。

"岐黄"——奠定中医学基石的圣帝贤臣

"岐黄"是中医的代名词,人们常常以"岐黄之业""岐黄之道""岐黄之术"来指代中医学,这里"岐"是指太古时代的名医岐伯,"黄"指的就是被大家尊为中华民族人文始祖的黄帝。

相传黄帝是我国中原各族的祖先,其所处的时代大约是四五千年以前的新石器时代晚期。黄帝本姓公孙,后改姬姓;因生于轩辕之丘,故又称轩辕氏,也有说是因其发明了轩冕(古代大夫以上官员的车乘和冕服)而得名;建都于有熊,亦称有熊氏。古书上说,他出生几十天就会说话,少年时思维敏捷,青年时敦厚能干,成年后聪明坚毅,有许多创造发明。他营造宫室,筑建城邑,使民不再巢居穴处;划分州野,计亩设井,教民播种百谷、发展生产;其夫人嫘祖教民养蚕造丝,引导男耕女织,使民安居乐业;令黄雍父发明加工粮食的舂,大臣宁封子发明烧陶,粮官杜康发明酿酒,使民不再茹毛饮血;还令大臣曹胡、伯余、於则发明制作衣服鞋履,共鼓、化狄发明制作舟车弓矢,隶首发明算术,大挠制定甲子、发明黄历以纪时,伶伦制礼兴乐、整理发明音乐及乐器,史官仓颉整理创造文字;他更与岐伯、雷公等一起研究医法,发明医术,编写医书……黄帝时代的一系列发明创造,虽不是一人一时之功,但黄帝作为太古时代华夏民族的代表,开启了中华民族的文明历程,被后世公认为中华文明的奠基者和创始人,我们常说的"中华文明五千年"就是从黄帝时代算起的。

黄帝有六位掌管医学的大臣，其中第一位就是岐伯。史书记载，岐伯从小就善于思考，非常聪明，十分关注天文地理，喜欢观察日月星辰、风雨寒暑、山川草木等自然界的事物和现象，还懂音乐，会乐器，会测量日影，多才多艺，才智过人。岐伯曾师承于僦贷季学习脉理，并四处寻访良师益友，成为精于医术脉理的名医。黄帝统一天下后，就"问道于岐伯"，尊他为老师，一起探讨医学，让他"尝百草木，定百草经、医方"，二人对养生及疾病的病因、诊断、治疗等设问作答，阐明道理。他们的对话被后世记录下来整理成册，便成了《黄帝内经》18卷（书名《内经》是相对于《外经》而言的，《黄帝外经》37卷已失传）。后世以"岐黄"合称指代《黄帝内经》，由此引申出"岐黄之术""岐黄之道""岐黄之业"以代称中医。实际上，《黄帝内经》也并非一两位圣人所作，而是集体智慧和多人长期编撰的结晶，其成书年代大约为从春秋战国至两汉之间（公元前770—公元220年），甚至还包括有两晋隋唐时期的修订和补充，但绝大多数篇章（主体部分）成书于春秋战国（公元前770—前221年）。

如同儒家经典《论语》一样，《黄帝内经》也采用了问答体，基本上是黄帝设问、岐伯作答的形式，有时是鬼臾区、伯高、雷公、俞跗等医官作答，但黄帝与岐伯的对话最多。黄帝为搞清楚生命的奥秘，甘愿屈尊，不耻下问，这不仅表明了黄帝的胸怀博大，更说明生命问题的重要性，展现了黄帝仁爱、宽厚的心怀，对民生的关注，对生命的尊重。通过对话来解释生命的奥秘，所提的问题是需要功力的。如果提问太幼稚，很难引起对方的兴趣，对话就难以进行下去。爱因斯坦说过："提出一个问题，往往比解决一个问题更重要。"在《黄帝内经》中，岐伯面对黄帝问不完的问题，就曾多次称赞说"要乎哉问也""明乎哉问也""昭乎哉问也""妙乎哉问也""远乎哉问也""窘乎哉问也""善乎哉问也""悉乎哉问也"等，意思是夸奖黄帝问得好，问得妙。提出一个有深度、有见地的问题，其实就意味对这个问题有了领会和解释，甚至意味着提问者本身已经有了一定的答案，只不过是进一步明确求证进而扩充未尽之见识罢了。黄帝作为古华夏部落联盟的首领，除了睿智聪明、有许多发明创造外，更重要的是，他善于询问和倾听济民经国的方略，且知人善用，能够集全体人民的智慧于一体。这样看来，把医药学等所有的中华史前文明和创造都算在黄帝一个人身上，也是事出有因，并不为过。

在《黄帝内经》中，岐黄对话有时非常有趣，而且语言也非常优美，句式长短错落，对仗排比娴熟，韵语如歌如赋，富有节奏，在当时就像我们现在的"通俗文学""流行歌曲"一样明白晓畅。"经"之所以成为"经"，除了思想博大精深外，还在于语言文字的优美而易于流行，并不是板着面孔教训人。我们现在读起来觉得拗口，是因为随着时间的流逝、历史的变迁，语言环境发生了改变，形成隔阂所致。

《黄帝内经》不仅是第一部中医理论经典，还是第一部养生保健的大典。岐黄问答不仅阐述了病因病机，讲了怎样治病，更重要的是讲了怎样不得病、怎样健康长寿、怎样长命百岁。书中一个重要思想就是"不治已病治未病"，主张养生、摄生、益寿、延年。作为一部以生命科学为主体的包容广大的百科全书，全书综合了天文、历法、气象、数学、物理、生物、地理、哲学等多学科的成果，在阴阳、五行、气、天人关系、形神关系等方面都有精辟的阐述，既对整个宇宙万象做了分析研究，更对人体生命现象和健康、疾病等一系列医学问题做了推演探讨，在当时处于世界领先地位，反映了当时祖国医学的光辉成就，奠定了中医学的理论基础，也奠定了中医学两千多年以来的宏观走向。《黄帝内经》还在 2011 年 6 月与《本草纲目》一起入选联合国教科文组织《世界记忆名录》。

伊尹——从烹调走向汤液的"亚圣"

相传夏朝末年的时候，有个采桑女在伊水之滨的桑树洞里捡到了一个男婴，这个男婴就是伊尹。采桑女把小伊尹抱回去，献给了有莘国的国君，有莘国的国君又把采桑女献来的小伊尹交给他的厨师抚养。后来，有莘国的国君发现伊尹很有才华，就提拔他当御膳房的领导人，还让他当老师，向自己的子女传授知识。再后来，伊尹又自愿作为陪嫁的奴隶来到了商地，成了商汤的厨师。有一次，他做菜时故意多放了些盐，商汤就问伊尹："平时你做的菜特别好吃，今天是怎么回事呢？"伊尹便借机回答道："天下的美味很多，不同的食材要用不同的方法去加工，同时还要让做好的菜口味咸淡适宜。治国就像做饭，既不能操之过急，也不能松弛懈怠，才能把事情办好。"商汤一听，觉得眼前的人很有智慧，于是废除了他的奴隶身份，提拔他做了官，经常与他探讨治国之道，因此《史记·殷本纪》有"（伊尹）以滋味说汤，至于王道"的记载。伊尹同商汤论述学问涉及政事时，曾用人体新陈代谢的道理回答商汤取天下之道，"用其新，弃其陈，腠理遂通，精气日新，邪气尽去，及其天年"。（《吕氏春秋·先己》）伊尹为商汤出谋划策，终于打败了夏桀，建立了商王朝。伊尹不仅是帮商汤夺取天下的功臣，还当了近二十年的商朝宰相。

伊尹很有学问，天文地理无所不通。他除了精通烹饪之外，还擅长用草药为人治病，并由此发明了汤液。晋代的皇甫谧在《针灸甲乙经·序》中说："伊尹以亚圣之才，撰用《神农本草》，以为《汤液》。""仲景论广伊尹《汤液》，为数十卷，用之多验。"《资治通鉴》说他"闵生民之疾苦，作《汤液本草》，明寒热温凉之性、酸苦辛甘咸淡之味、轻清浊重阴阳升降走十二经络表里之宜"。《汉书·艺文志》有"《汤液经法》三十二卷"，后人多认为《汤液经法》的作者是伊尹。

古人说"药食同源"，伊尹善于烹调，又精通医学，他利用烹调食物的经验来治病，并由此发明汤液，应当是顺理成章的事情。汤液即汤剂，其加工方法与烹调食物相似，即是将各种药物加水煎煮而成。汤液是中药的主要剂型之一。汤液的发明与使用，将生药转变为熟药，既可减低药物的毒副作用，又便于服用和发挥药效。

《吕氏春秋·本味》记载，伊尹回答商汤有关烹调问题时，曾提过"阳朴之姜，招摇之桂"。伊尹所说的"阳朴之姜，招摇之桂"，既是调味品，也是用来治病的药品，这证明了药物与食物有共同的来源。我国现存最早的医方书《五十二病方》第一方所用药物为□□膏、甘草、桂、姜、椒五味，《伤寒论》第一方"桂枝汤"所用药物为桂枝、芍药、甘草、姜、枣五味，均有姜和桂，另外的甘草、枣等也是常见的调味品。这些都启示我们，伊尹正是利用烹调食物的经验发明了汤液。伊尹的《汤液经法》现在已经失传了，这是一件十分可惜的事情，但此书在宋元时代应当还存世，如宋人许叔微即在《普济本事方》卷八的大柴胡汤方中引用了此书："伊尹《汤液论》大柴胡同姜枣共八味，今监本无，脱之也。"

孔子——逆境中高寿的圣人

在中国，没有人不知道孔子。孔子，名丘，字仲尼，春秋时期鲁国陬邑（今山东曲阜东南）人，是我国著名的思想家和教育家，儒家学派的创始人。孔子生于公元前551年，卒于公元前479年，享年73岁。这个岁数，从中国人现在的平均寿命来看，不算是高寿。然而在医学不发达、人均寿命30来岁的春秋时期，孔子绝对是寿星级人物了。孔子一生颠沛流离，3岁丧父，17岁丧母，67岁丧妻，69岁丧子，大部分时间不得志，甚至有时候被人追杀，有时候吃了上顿没下顿。然而，处于逆境中的孔子为什么仍能享有高寿呢？这其中的原因可能有以下几方面。

积极进取

孔子生于乱世，但他并没有逃避现实，而是积极进取，在为社会服务的过程中，使自己活得充实。孔子为社会服务的主要方式是创办私立学校。在孔子时代，只有贵族子弟才能上学读书，普通平民百姓子弟被剥夺了受教育的权利。孔子看到这种情况，决心打破贵族垄断教育的局面，开办私立学校，让平民百姓子弟也能上学读书。孔子确立了办学原则，编写了教材，制定了教学内容和收费标准。孔子办学奉行的是"有教无类"，即每个人都有接受教育的权利，教育没有高下贵贱之分。编写的教材是他亲自整理的古籍《诗》《书》《礼》《易》《乐》等。教学内容有道德教育、文化知识和技能技巧等。收费标准是每个学生交上束脩，即十条干肉。终其一生，孔子培养的弟子有三千多人，其中著名的弟子有七十余人。孔子是中国第一所私立学校的校长，他不仅开创了私人办学的传统，而且在数十年的教书育人生涯中，充实地度过了自己的一生。

孔子在人生上的积极进取还体现在乐于学习上。孔子说："学而时习之，不亦说乎？"他认为，在学习中可以得到愉悦，即使到了老年，他仍然学习不止，"发奋忘时，乐以忘忧，不知老之将至云尔"。乐于学习，使孔子终生头脑灵活，思维敏捷。

注重生理卫生

孔子注意锻炼身体，以保持健康。孔子说："知者乐水，仁者乐山。"他带着学生去旅游，享受大自然的乐趣。此外，他还常习武，精通射御之术。孔子人高体壮，力大过人，为他的长寿奠定了良好的生理基础。《论语·乡党》中，孔子提出了自己的饮食卫生经："食不厌精，脍不厌细。食饐而餲，鱼馁而肉败，不食；色恶，不食；臭恶，不食；失饪，不食；不时，不食；割不正，不食；不得其酱，不食。肉虽多，不使胜食气。唯酒无量，不及乱。沽酒市脯，不食。不撤姜食，不多食。祭于公，不宿肉，祭肉不出三日，出三日，不食之矣。食不语，寝不言。"孔子所处时代的烹调技术比较粗糙，吃的谷物往往伴有未脱尽的壳。所谓"食不厌精"，是说要吃优质米谷，以获得充分的营养。"脍不厌细"是说肉要切得细小一点，吃肉时要细嚼慢咽，以便消化。"食饐而餲，鱼馁而肉败，不食；色恶，不食；臭恶，不食；失饪，不食；不时，不食；割不正，不食；不得其酱，不食"，是说粮食陈化和变味了，鱼和肉腐败了，食物的颜色、气味变了，食物烹调不当，宰割动物方法不当，酱料放得不适当，孔子都不吃，这样可以防止病从口入。"肉虽多，不使胜食气"，是说席上的肉虽多，但吃的量不要超过米面的量，以免伤害身体。"唯酒无量，不及乱"，是说饮酒虽没有限量，但严禁喝醉，以免遭受酒害。"沽酒市脯，不食"，是说从市面上买来的酒和熟肉干，因为不知道品质究竟如何，所以不吃。"不撤姜食，不多食"，是说就餐时适量吃点姜。姜能温胃散寒，解毒杀菌，历来受养生人士推崇，孔子也不例外，他每餐都吃姜，但从不多吃。"祭于公，不宿肉，祭肉不出三日，出三日，不食之矣"，是说参加国君祭祀典礼时分到的肉，不留到第二天再吃；祭祀用过的肉不超过三天，超过三天，很可能就变质了，就不吃了。孔子之所以主张食不语，不仅关乎礼仪，也关乎健康。吃饭时说话容易噎着，边吃饭边说话，食物还来不及细嚼就被咽下去了，会增加肠胃负担，对于消化功能不好的人来说更是如此。此外，人们边吃边谈，不仅吃饭时间长，还意识不到"饱"的感受，往往容易吃得过多，所以要食不语。孔子提出寝不言，是因为睡前唠叨不绝会使思绪兴奋，不得安宁，影响入睡。孔子的饮食卫生经在今天看来仍然是合理的。孔子的主张完全符合世界卫生组织提出的"合理膳食，戒烟限酒，适当运动，心理平衡"的健康十六字诀。

孔子对待治病服药十分慎重。季康子送给孔子药品，孔子拜谢之后接受了，然后又说"丘未达，不敢尝"，意思是对药性不了解，不敢尝用。凡药皆有"毒"，孔子在用药上持慎重态度，对不了解的药物不服用，在今天看来无疑是正确的。

注重心理卫生和道德修养

孔子曾说："君子有三戒：少之时，血气未定，戒之在色；及其壮也，血气方刚，戒之在斗；及其老也，血气既衰，戒之在得。"孔子强调人应该按照年龄特点来养生，即年龄不同，心理特点不一样，心理卫生的侧重点应该有所区别。在青少年时期，身体发育尚不成熟，应当不贪恋色欲。壮年时期，身体强健，精力充沛，脾气也大，就应该戒争斗，好斗会伤身。到了老年，血气衰弱，就要看淡名利，学着清心寡欲。

孔子善于鉴赏音乐和阅读古书，从中获得心理上的宁静。他听韶乐，"三月不知肉味"，他读《易经》，韦编三绝。令人陶醉的音乐和富于理趣的古书，使得孔子的心理得到了极大的愉悦，这是他能健康长寿的原因之一。

孔子主张人在逆境中要善于自得其乐。"饭疏食，饮水，曲肱而枕之，乐亦在其中矣。"就是生活困难，吃粗粮，喝冷水，弯着胳膊做枕头，也有着乐趣。"一箪食，一瓢饮，在陋巷，人不堪其忧，回也不改其乐。贤哉，回也！"孔子对颜回在逆境中、困顿中仍保持乐观甚为赞赏，说明孔子是一个逍遥自在的乐天主义者。

孔子还经常启发弟子："君子坦荡荡，小人长戚戚。""君子不忧不惧。""内省不疚，夫何忧何惧？"意思是说：君子心地坦然宽广，小人经常局促忧愁。君子不忧愁，不畏惧。自己问心无愧，有什么值得忧愁和畏惧的呢？孔子曰："智者乐，仁者寿。""唯仁者寿，唯德者康。"孔子的上述说法得到了现代人的高度认可。现代心理学家认为，道德高尚的人，做事问心无愧，乐于助人，没有心理负担，时常会感到内心快乐，而内心快乐能提高人的免疫力，使生病的几率降低，寿命自然会延长。

孔子认为，心理平衡和道德修养的最高境界是"中庸"。中庸一词最早见于《论语·雍也》："子曰：中庸之为德也，其至矣乎。"孔子说中庸作为一种道德，应该是最高尚的了。其实中庸不仅是道德完美的体现，也是心理达到高度平衡的体现。人在生活和处事中做到不卑不亢，不骄不馁，不过不及，不偏不颇，不狂喜不愠怒，不忧伤不耽乐，不仇富不安贫，不逞强不示弱，不争先不恐后，不高腔不低调，不争长不论短，无太过无不及，保持平和的心态、愉悦的心情，就能内心宁静，胸襟开阔，祛病驱邪，益寿延年。

扁鹊——全科宗师式的神医

扁鹊是春秋战国时期最杰出的医药学家，齐派医学的先驱，中国传统医学的奠基人之一。扁鹊姓秦，名越人，字少齐，又号卢医。齐国渤海郡卢（今济南市长清区）人，生于周威烈王十九年（公元前 407 年），卒于赧王五年（公元前 310 年），享年 97 岁，是我国历史上第一位有正式传记的医家。司马迁在《史记·扁鹊仓公列传》中云："扁鹊者……姓秦氏，名越人……为医或在齐或在赵，在赵名扁鹊。"扁鹊是他的尊号，可能与"灵鹊兆喜"（《禽经》）的说法有关。古时赵人以鸟为图腾，尊鸟而爱鹊，把"鸟""鹊"视为保护神，定期祭祀朝拜，以祈求好运。因为医生治病救人，走到哪里，就为哪里带去安康和喜讯，于是人们习惯把医术高明的医生称为扁鹊。秦越人以其精湛的医术被赵人称为"扁鹊"。而后，这一称谓传扬开来，世人皆以"扁鹊"称之，秦越人之名日晦而不彰。

扁鹊约自公元前 386 年"为人舍长"，当时精通医术的长桑君经常留住在扁鹊做事的客馆。扁鹊认为此人与众不同，对他热情恭敬。同时，长桑君也认为扁鹊"非常人也"。扁鹊经常向长桑君请教医学方面的问题。经过十几年的观察，长桑君认为扁鹊就是自己要找的传人，于是私下里将扁鹊叫去说："我有禁方，年老，欲传与公，公毋泄。"扁鹊恭敬地点点头说："敬诺。"于是长桑君从怀里取出一种药交与扁鹊，并对他说："饮是以上池水（未接触地面的露水），三十日当知物矣。"然后把自己珍藏的"禁方书"全部交与扁鹊，接着顿然隐去。扁鹊按照长桑君的指点服了药，三十天后果然能隔墙见人，透视人身的五脏六腑，从而便可以洞察人体内的隐疾症结。这是司马迁笔下扁鹊拜师的传奇故事，在民间还流传着更具神秘色彩的长桑君三考扁鹊的拜师故事。

扁鹊学成后（公元前374年前后），开始深入民间行医。其踪迹东起齐、鲁，中经晋国，西至秦国，即今山东、河北、河南、山西、陕西等黄河中下游的广大地区。他负笈行医，随俗为变，广泛吸收和总结了前代和民间的医学经验，为我国最早开创和总结民间医学的医家。

晋昭公时代，扁鹊在晋，当时晋国权臣赵简子突然卧床不醒，整整昏迷了五天。大夫们都很恐惧，便召来扁鹊诊治，扁鹊切完脉后说脉象很正常，根本没有病。三天内自然就能醒过来，果然不出三天，赵简子便醒了过来。原来，他并没有真的生病，而是佯装生病，借故托梦，为他独揽大权找借口。扁鹊能够不被假象迷惑，通过切脉做出正确的判断，确实令人赞叹。司马迁高度赞扬说："至今天下言脉者，由扁鹊也。"近代历史学家范文澜先生也说，扁鹊"是切脉治病的创始人"。

"起死回生"的典故出自扁鹊过虢（今河南省陕县一带）时。扁鹊行医周游到虢国，恰遇虢国太子暴蹶而亡半日，正准备收殓。他在宫门外向中庶子喜方详细询问了太子生病的经过和症状，便断定太子没有死，而是患了一种叫"尸蹶"的病（类似于现今的休克），便说"臣能生之"。中庶子不相信扁鹊能"起死回生"，扁鹊便让他进去看看太子是不是还有

扁鹊针灸行医图

耳鸣、鼻翼扇动、从大腿到阴部仍热等表现。结果果然如扁鹊所言，于是中庶子赶紧把扁鹊请进去。扁鹊仔细为太子切脉，让弟子子阳磨制针石，在太子头顶中央的百会穴进行针刺。过一会儿，太子便睁开了眼。扁鹊接着

叫弟子子豹在太子两胁敷药，不久，太子便坐了起来，人们惊叹不已。以后又服了二十天的汤药，太子便完全恢复了健康。从此以后，天下人都知道扁鹊有"起死回生"之术。

扁鹊在齐（今山东临淄北）的时候，见到了齐国的国君齐桓侯。第一次见到他便直言不讳地说："大王您生病了，已经显现在肌肤，不赶紧治疗的话就会加深。"齐桓侯不置可否。扁鹊走后，桓侯对左右的人说："医生都比较功利，喜欢把没病的人当成病人来治，以显示自己的功绩。"过了五天，扁鹊又来拜见，对桓侯说："大王您的病已经到血脉了，您一定要赶紧治疗，不然的话就更重了。"桓侯很不高兴，说："我没有病。"又过了五天，扁鹊又来拜见，对桓侯说："大王您的病已经到肠胃了，不治会很危险。"桓侯听了很生气。又过了五天，扁鹊又来拜见，只瞥了桓侯一眼，转身就跑。齐桓侯十分奇怪，派人询问原因，扁鹊说："病在皮肉之间的时候，用汤剂、药熨可以治愈；病在血脉时，针灸可以治疗；病在胃肠时，可以利用药酒治疗；但是现在病已进入骨髓，就是掌管生命的神也无可奈何，我是没办法治了，只好躲开。"过了五天，齐桓侯果然病重，因延误了治病时机，不久便死去了。这是司马迁在《史记·扁鹊仓公列传》中记载的齐桓侯讳疾忌医的故事。在两千四百多年前，扁鹊能够从齐桓侯的气色中，预知疾病的发展和转归，可见他望诊的深厚功力。汉代著名的医学家张仲景赞赏说："余每览越人入虢之诊，望齐侯之色，未尝不慨然叹其才秀也。"另一方面也反映了他见微知著、防微杜渐的"上工治未病思想"。这一思想在其著作《难经》中有明确的论述："经言上工治未病，中工治已病，何谓也？无令得受肝之邪，故曰治未病焉。中工者，见肝之病，不晓相传，但一心治肝，故曰治已病也。"

从以上几个医案不难看出，扁鹊在诊法上已经综合运用了中医学的望、闻、问、切四诊法，熟练掌握了砭石、针灸、按摩、汤液、熨贴、手术等多种治疗手段，尤其擅长针灸。1950年，山东省微山县两城山出土了一批东汉浮雕画像石，其中便有一幅扁鹊"针灸行医图"，后来移置到曲阜孔庙，现在保存在大成殿东庑。画像石长 84 厘米，宽 80 厘米。画面分上、中、下三层。中层雕刻着一个半人半鸟的神物，一手切脉，一手持砭针，正在为披发病人针刺。山东为东夷人聚居地，东夷人以鸟为图腾。而且由于饮食习惯的原因，当地人容易得"痈疡"，适于用砭石治疗。《素问·异法方宜论》指出："东方之域，天地之所始生也。鱼盐之地，海滨傍水，其民食鱼而嗜盐……其病皆为痈疡，其治宜砭石。故砭石者，亦从东方来。"显然，画中展示的正是被神化了的扁鹊形象。春秋时代，往往药石连言，石就是砭石，即石针，是用一种特别适宜做针的石头磨制而成。《韩非子·外储说右上》记载："夫痤疽之痛也，非刺骨髓，则烦心不可支也。非如是不能使人以半寸砭石弹之。"可见，用砭石治疗是很痛苦的。随着生产工具和手工工具的变革，医疗用针也发生了变革，实现这一变革的便是扁鹊。扁鹊始用铁针见于治虢太子病例中。许多记载或说他"砥针砺石"，或说他使弟子子阳"砥针砺石"。针和石对言，表明针是铁针。扁鹊始用灸法见于《韩诗外传》，扁鹊在诊虢太子疾中，曾让他的弟子"子阳灸阳"，当是艾为灸。因凡言"艾"或"灸"均在扁鹊之后，并且自扁鹊以艾为灸后，至汉代艾灸和针疗已成为医家的必用之物。

扁鹊治病，常因地域不同，随俗而变。在邯郸，听说当地妇女病多，便做了"带下医"（妇科医生）；在洛阳，见该地敬重老人，便以治疗"耳目"等老年人疾患为主；到了咸阳，知道秦国人最爱儿童，他又在那里做了儿科大夫。可见，扁鹊不但有高超的综合医术修养，而且是我国医学分科专门化的渊薮。

扁鹊不但医术高明，而且医德高尚。他为人谦虚谨慎。在医治好虢太子的病后，虢君感激地对扁鹊说："有先生则治，无先生则弃，捐填沟壑，长终而不得反。"而扁鹊则实事求是地说："越人非能生死人也，此自当生者，越人能使之起耳。"在医疗实践中，他提出了著名的"六不治"，即："骄恣不论于理，一不治也；轻身重财，二不治也；衣食不能适，三不治也；阴阳并，脏气不定，四不治也；形羸不能服药，五不治也；信巫不信医，六不治也。"在两千多年后的今天，这些仍有其指导意义。尤其是最后一条"信巫不信医"的提出，更是难能可贵，此条的提出，使医学从巫术中分离出来，成为一门独立的科学。

在医学传授方面，扁鹊打破了前人"非其真勿受，非其真勿传"的单线传授方法，以及父子相授、"王官"世业垄断的局面。在上文救治虢太子的病历中，记载有"子阳砺针砥石，以取外三阳五会"，"子豹为五分之熨"。另外，据早于《史记》的《韩诗外传》和稍晚于《史记》的《说苑》记载，还有"子容捣药，子明吹耳，子仪反神，子越扶形，子游按摩"等。说明扁鹊公开带徒，广播医术，开了师徒相传的先例，把医药学从王官垄断中解放了出来。

扁鹊率弟子子阳等十余人周游列国，积累和收集了丰富的临床经验和医学理论。著有《黄帝脉书》《扁鹊脉书》等24种。这些号称"古先道遗传"的先秦时期古医籍在汉代还流传于世，为后世医学丛书或类书的形成奠定了基础，现多佚失，流传下来的仅有《黄帝八十一难经》（简称《难经》，也有人认为是后世扁鹊学派的著作）。《难经》是中医学四大经典之一，与《黄帝内经》并称"内难"。《难经》创立了命门、元气、三焦整体说和独取寸口诊脉法，补充和发展了经络学说及奇经八脉理论，并首次提出了八会穴，丰富了原穴，填补了《内经》的不足。

由于扁鹊医术高超、医德高尚，深受人民的爱戴，遭到了当时秦国太医令李醯的妒忌。公元前310年，扁鹊为秦武王唯一的儿子治疗麻疹，李醯要求二人各治半边。扁鹊在太子肚子针了几下，又让太子喝了一副汤药，不到半个时辰，那半边身体的麻疹便全消了。李醯本想刁难扁鹊，不想扁鹊还真治好了。倒是他自己在那儿束手无策，很是难堪。于是李醯恼羞成怒，派人埋伏在扁鹊回去的路上，杀害了扁鹊。此处因而得名伏道村。

在伏道村扁鹊庙的墙上，元代王磐题有这样一首诗：昔为社长时，方技未可录，一遇长桑君，古今皆叹服。天地为至仁，既死不能复，先生妙药石，起虢效何速。日月为至明，覆盆不能烛，先生具正眼，毫厘窥肺腹。谁知造物者，祸福相倚伏，平生活人手，反受庸医辱。千年庙前水，犹学上池绿，再拜乞一杯，洗我胸中俗。

这首诗概括了扁鹊的一生，同时也寄托了人们对他的哀思。千百年来，为了表达对他的爱戴和崇敬，在其行医经过的共约四千华里的路途上，历代人民为他建陵墓、立碑石、筑庙宇、奉香火。他的墓庙分布在山东、河北、河南、山西、陕西五个省区的十余处地方，足见他在中国医学史上的突出贡献和深远影响。难怪司马迁在《史记》中说："扁鹊言医，守数精明，为方者宗，后世循序，弗能易也。"扁鹊作为一位医药学家，影响之深远，在中外历史上都是罕见的。日本医界对其著作《难经》有多家注述；美国把扁鹊写入外科的教科书；阿拉伯医圣阿维森纳的医典中收载了《难经》中有关脉学的论述；中国国家邮政局于 2002 年发行了一套选题为"古代科学家"的特种邮票，扁鹊位列其中。

由于扁鹊在学术上有重大贡献，有其独创之"学"，也有亲传弟子和更多的私淑弟子，其学世代相传，形成了我国历史上最早的医学学派——扁鹊学派。扁鹊学派是战国秦汉时期影响最大的学派。长桑君、扁鹊及其弟子这一医疗群体为中医脉学、针灸、方药等诸多方面奠定了临床和理论基础。西汉时期的公乘阳庆、淳于意、冯信等十余人及东汉程高、郭玉、华佗、张仲景等又形成了一个医学群体，使扁鹊学派得到进一步的发展。南北朝世医徐氏，自名医徐熙始，亘八代之久，世代名医辈出，医学著作众多，使扁鹊学派得到进一步的发展。从春秋末年扁鹊学派的创立至西汉末年扁鹊学派的医经和经方录入《七略》，为时约500 年，是扁鹊学派的前期；从东汉至南宋初年窦材著《扁鹊心书》，为时约 1100 年，是扁鹊学派的后期。其前期的主要贡献是创立了脉学，奠定了四诊的基础；开创了中药学（扁鹊弟子子仪著有《子仪本草经》，是本草学的创始人）；在临床各科的治疗上都取得了很大成绩，为中医学理论体系的形成做出了十分重要的贡献。其后期的一个非常重大的贡献就是把脉法由遍身诊发展为"独取寸口"。《难经》提倡独取寸口，几千年来成为定法，行之有验，在医学领域中实为莫大之贡献。

华佗——全科兼备的中医 "外科鼻祖"

    华佗（约 145—208，一说约 105—208）是东汉末年一位杰出的医学家，沛国谯郡（即今安徽省亳州市）人，出身于名门贵族的 "士人" 之家，姓华，名旉，字元化。元化即化育之意，寄托了家人对他的期望，其日后果然不负厚望。据晋代陈寿《三国志》记载，华佗自幼喜欢读书，曾游学徐州，通晓经史，喜爱医术。他鄙视那些追逐功名利禄的人，"举辟不就"，家乡的最高地方长官陈珪曾推举他为孝廉，朝廷的太尉黄琬也曾征召他到京里做官，但都被他回绝了。

    华佗 17 岁左右开始学医，初步涉猎医学经典医籍；20 余岁 "游学徐土"，"徐土" 即鲁西南地域，此地自西汉起就名医辈出，如公孙阳庆、淳于意等。在 "徐土"，华佗一边学习，一边行医，无论是在医学理论还是医疗实践上，均获得了长足的进步；30 岁左右回到故里，正式 "悬壶济世"；40 岁左右在当时的谯郡郡治亳州府开设药肆济人，还常云游四方给人治病，救治病人无算，足迹遍布今天的安徽、河南、江苏、山东、河北、甚至陕西等地。华佗的医术非常全面，内、外、妇、儿无所不通，针灸治病，针到病除。他用药物和针灸治病，经常是用药不过数种、针灸取穴只是几处，就能取得很好的疗效。他在给病人施针时常常说："当我针刺时，你将有针感到某处，如果某处有感觉，请告诉我。" 当病者说 "已到" 时，华佗便拔针，病也就痊愈了。在针灸学术方面，他所创的《内照图》被认为是历史上第一份经络穴位图谱，华佗夹脊穴是有效且至今仍被推崇和使用的经外奇穴。

对于五脏六腑之重病，如行针用药不能治疗，华佗就行开刀手术。开刀前让病人服用"麻沸散"，病人如酒醉般完全失去知觉，他随即剖破腹背，抽割积聚。如果病在肠胃就将之截断，除去疾秽，洗涤后加以缝合，在伤口上敷以药膏，过四五天后伤口就会愈合，一个月左右即可恢复正常。可见，在1900多年前，我国已用全身麻醉进行剖腹手术了。华佗发明麻醉剂、施行全身麻醉术比欧美各国要早1600多年，是世界上真正实施剖腹手术的第一人，被后人奉为"外科鼻祖"。

华佗精通望、闻、问、切四诊，在诊断疾病和判断预后上料事如神，能预知生死。一次，广陵太守陈登得了一种怪病，心烦、面红、吃不下饭，华佗号脉后告诉他腹中有虫，并为其准备了两剂药。陈登喝下后约莫一顿饭的工夫，竟然吐出好多虫，病很快就好了。病好后，华佗告诉他，此病三年后还会复发，如果发作时遇到良医，还能救活；若遇不到良医，性命就不保了。三年后，此病果然复发，无奈当时华佗已不在世，无人可治，陈登很快就病死了。

有一位严先生携友一起拜访华佗，进来后华佗问严："你是不是感到身体有点不舒服？"严先生回答说："没有。"华佗说："根据面相来看，你得了急病，不要多喝酒，吃完饭赶紧回家。"果然，这位严先生饭后在回家的途中发病，当晚就病死了。

还有一位许督邮，得了胃病后告诉华佗，自己前一天找了一位医官为自己扎针，但是扎过以后咳嗽得非常厉害，晚上不能睡觉。华佗告诉许督邮，他没有扎中你的胃穴，而是误伤了肝，这样一来你的饭量会一天天减少，五天以后就会不行了。果然到了第五天，许督邮就病故了。

还有一位李将军夫人病重，华佗号过脉后说："妊娠患病，胎死腹中而没有产下。"将军回告说："确实是妊娠患病，但胎已产下了。"而华佗根据脉象依然坚持认为胎死未下，因将军不信而没有根治。一百多天后，患者又发病，华佗再次按脉后分析说："脉象是胎死未下，应该是怀了双胞胎，第一胎生产后出血过多，第二胎无力产出，大家都没有在意了。"华佗立即针灸汤药并行，夫人腹痛急剧，就像生产一样，但因死胎过久而难下，只好人工用手帮助其探取出来，果然是一个色黑已死的男婴，手脚还算完备，长约一尺左右。华佗这种出神入化的诊断本领，是在长期临床实践中日积月累获得的。

不仅如此，华佗还是一名能运用心理疗法治疗疾病的专家。一次，有位太守请他看病，华佗认为经过一次大怒之后，他的病就会好。于是，华佗接受许多财物，却不给他好好看病，不久又弃他而去，并留下一封书信骂他。太守大怒，让人去追，他的儿子事先知道事情的原委，便悄悄拦住了。太守在极度愤恨之中，吐出了好多黑血，病很快就好了。

华佗一生游历各方，足迹遍及中原及江淮大地，治病手法恒多，针石、药物、手术、急救、自养、锻炼等，或单行或综合，病情到哪一步就即时采用哪一种方法，方简力宏，术精效捷，其医术出神入化，创造出了许多医学奇迹。所以元明之际的医家吕复在《诸医论》说："华元化医如庖丁解牛，挥刃而肯綮无碍，其造诣自当有神，虽欲师之而不可得。"华佗的故事在民间广为流传，明代《三国演义》还演绎出"华佗为关羽刮骨疗毒"的故事来。后人每每以"华佗再世"来赞誉医生医术之高明。华佗的医术不仅为我国人民所敬仰，也为西方世界所公认，早在1927年，美国学者拉瓦尔就称誉他为"中国的希波克拉底"，与西方的医学之父并称。

华佗还很懂得养生之道，《三国志》云其"晓养性之术，时人以为年且百岁而貌有壮容。"南朝范晔《后汉书》又补添一言"时人以为仙"。他提出了"人体欲得劳动，但不当使极尔""譬如户枢，终不朽也"等重要论述。其创编了一套防病治病、延年益寿的医疗保健操——五禽戏，即配合气息调理，把模仿扑动上肢的虎戏、伸转头颈的鹿戏、伏倒站起的熊戏、脚尖纵跳的猿戏、展翅飞翔的鸟戏连起来进行锻炼。他的弟子吴普按照这个方法坚持锻炼，活到90多岁，仍耳聪目明，牙齿坚固。

2011 年，"五禽戏"被我国列入国家级非物质文化遗产名录，并作为全民健身保健操积极推广。华佗一生有弟子多人，在中医史上也多有建树，有史可考的如弟子吴普著《吴普本草》，李当之著《李当之药录》，樊阿喜针灸及养生，他服用华佗所传的延年益寿方——漆叶青黏散，活到100多岁。

　　不幸的是，这样一位通晓养生之术的神医，却没能够竟终天年，因不愿意留在其同乡的"小字辈"——曹操的身边做随身医生而被拷问致死。

张仲景——特定时代造就的"医圣"

张仲景之所以成为一代名医，与他生活的时代有着密切的关系。东汉末年，战乱不已，疫病流行，自然灾害频仍，生产力凋敝，与此伴随的是人口大规模的非正常死亡。据梁方仲统计，公元157年（东汉桓帝永寿三年），全国有10 677 960户，人口为56 486 856人。到了公元263年（三国蜀后主炎兴元年），蜀国户数为280 000，人口数为940 000人；公元263年（三国魏元帝景元四年），魏国户数为663 423，人口数为4 432 881人；公元280年（三国吴末帝天纪

中国中医科学院医史博物馆藏
蒋兆和绘张仲景像

四年），吴国户数为530 000，人口数为2 300 000人。总计三国时期户数为1 473 423，人口数为7 672 881人。

经历了东汉末年的战乱时期后，到三国时期的全国人口数量，大致只有东汉后期人口数量的13.6%，由此可见，在东汉末年，人口数量锐减的程度真是触目惊心。

东汉末年的文人作品也形象地记载了人口数量锐减的事实。曹操有诗曰："铠甲生虮虱，万姓以死亡。白骨露于野，千里无鸡鸣。"建安七子之一的王粲写道："复弃中国去，委身适荆蛮。""出门无所见，白骨蔽平原。"

曹植也在自己的诗中说："垣墙皆顿擗，荆棘上参天。""中野何萧条，千里无人烟。"这些诗句真实地反映了连年的战争、疫病、自然灾害导致百姓大量死亡，幸存者避难异域，田地皆荒芜，处处无人烟的凄惨状况。

东汉末年人口数量锐减，主要是连年战争所导致，但也不能低估疫病与自然灾害的影响。仅就疫病而言，从历代文献记载来看，桓、灵、献三帝共70多年时间，有疫病流行记载17次之多，并且其中多次是连年的疫病大流行。曹植《说疫气》曰："建安二十二年，疠气流行，家家有僵尸之痛，室室有号泣之哀，或阖门而殪，或覆族而丧。"张仲景《伤寒杂病论·序》亦曰："余宗族素多，向余二百。建安纪年以来，犹未十稔，其死亡者，三分有二，伤寒十居其七。"由于疫情严重，不仅平民百姓遭殃，即使是上流社会之人也未能够幸免。《三国志·魏书·王粲传》记载："文帝书与元城令吴质曰：昔年疾疫，亲故多罹其灾，徐、陈、应、刘一时俱逝。"昔年，指建安二十二年。徐即徐干，陈即陈琳，应即应场，刘即刘桢，四人皆建安七子中的人物。上述四人竟然一年之内都死于疾疫，实在是令人痛心。

张仲景是河南人，在东汉的繁荣时期，河南曾是全国人口密度最大、数量最多的地区，户数达180多万，人口达980多万。东汉末年的董卓之乱与军阀混战，再加上不断发生的疫情和自然灾害，使这一地区人民大量死亡和外迁，从而导致人口锐减。曹魏建立之后，河南人口不足东汉时期的十分之一。时人杜恕言："今大魏奄有十州之地，而承丧乱之弊，计其户口不如往昔一州之民。"

正是目睹人民大规模死于伤寒，张仲景因此撰写了划时代的医学名著《伤寒杂病论》，对控制当时的疫情，并对后来以至今天的临床实践产生了极大的作用。张仲景是那个特定时代产生的伟大医学家，他在《伤寒杂病论·序》中述说了撰写此书的过程："感往昔之沦丧，伤横夭之莫救，乃勤求古训，博采众方，撰用《素问》《九卷》《八十一难》《阴阳大论》《胎胪药录》，并平脉辨证，为《伤寒杂病论》，合十六卷。虽未能尽愈诸病，庶可以见病知源，若能寻余所集，思过半矣。"

《伤寒杂病论》虽然是一部划时代的医学文献，但我们要指出的是，张仲景是利用了《素问》等文献而撰成《伤寒杂病论》，因此，《伤寒杂病论》的文献著述方式是编纂，而不是著作。大凡世间文献，无论是自然科学还是社会科学类别的，根据其原创性来划分，可分为著作、编纂、抄录三类。具有高度原创性的是著作，如《论语》《老子》即是著作；将前人文献重新整理编排，不给出内容出处，其中或许含有某种程度原创色彩的是编纂，如《史记》等即是编纂；将前人文献分类抄写，给出内容出处的，属于抄录，如《太平御览》《古今图书集成》即是抄录。虽然《伤寒杂病论》是编纂类文献，不是著作，但它仍然是一部了不起的医学文献，我们无论怎么高度评价它都不过分，正如我们怎么高度评价《史记》都不过分一样。

虽然有关张仲景的文献资料极少，但"礼失而求诸野"，我们或许可在民间传说中寻觅有关张仲景的生平资料。下面我们就转录中国民间文艺出版社 1985 年出版的《河南民间故事集》中记载的与张仲景有关的四个故事——襄阳访医、对症下药、巧治府台、冬至吃饺子的传说，以使大家全面了解张仲景。虽然民间传说不免有夸张和传奇色彩，却是张仲景深受百姓爱戴的最好体现。

襄阳访医

张仲景年轻的时候，在医学上就有了名望，但他仍然勤奋好学，从不满足，只要听说哪个郎中医术高明，不管距离多远，定要登门求教。有一年，张仲景的弟弟要出门做生意，临行前他对哥哥说："我这次要出远门，你给我看看，日后有没有大病。哥哥给弟弟把了把脉，说："哟，明年只怕你要长个搭背疮！"弟弟惊讶道："哎呀！常听你说，疮怕有名，病怕无名。长个搭背疮，我眼看不见，手摸不着，怎样治呀？"张仲景说："不要怕，我给你开个药单，到时候，服了这一副药，把疮暂时挪到屁股的软肉上。那时，谁识得是搭背疮，就叫谁医治，定是名医。疮治好后，记住，要给我来个信儿，我好登门拜访他。"

张仲景的弟弟做生意来到湖北襄阳。第二年，一天忽然觉得脊背疼痛，他知道疮要发了，忙照哥哥开的处方，取药吃了。不几日，果然从屁股上生了疮。他求遍襄阳郎中，这个说是疖子，那个说是毒疮，都不识得。后来，同济药堂有个名医"王神仙"，看后笑了笑说："这原是个搭背疮嘛！"当下就开了草药，贴了膏药。不多久，疮就好了。他忙给哥哥写了封信。张仲景接到书信，知道弟弟在襄阳遇上了名医，一定有高明的医术值得学习。张仲景求教心切，哪还顾得长途跋涉之苦，当天就准备盘费，打点行装，奔襄阳而来。

一天清早，襄阳同济药堂的大门前，站着一位身背行李、手拿雨伞的青年后生。他向药店掌柜央求说："我从外地来，生活没有着落，请收下我当个伙计吧。"王神仙见这个小伙子年轻利落，询问一番之后，高兴地说，"好！就收下你给我炮制药材吧。"这个后生就是张仲景。他一心一意学习医术，生怕知道他的人把他当客待，故意不讲自己的真姓名。张仲景就在同济药堂住下来，当了伙计。王神仙见他炮制药材熟练内行，干得又快又好，十分满意，不久，就替换他当了司药。张仲景一面抓药，一面也说"我也学学"，就去给病人把脉看病。凡吃过他的药的人，都说他的方子灵验，药到病除，大伙称他是二先生。王神仙看这个后生有两下子，更加器重，就让他当了自己的帮手。从此，张仲景处处留心，不论王神仙在药性、医理及把脉、开方哪方面的独到之处，他都一一记在心中，写在本上，并结合自己的认识和经验仔细琢磨研究，丰富和提高自己的医术。

有一天，一个老汉匆匆来到药店，说他儿子病得厉害，把王神仙请去了。约摸半个时辰，老人来药店取药。张仲景见药单上有藤黄五钱，知道病人肚里有虫。停了一会儿，王神仙回来了，他正要到后院歇息，张仲景忙拦着说："先生稍等一等，看那老人还来不来请。"王神仙问道："药一吃病就好了，怎么还要来请？"张仲景说："恕学生直言，用藤黄杀虫，一般需一两的剂量，先生只开五钱，但愿能把虫杀死。万一杀不死，醒过来会更凶，再用药也不灵了，只怕还有性命危险哩！"话音刚落地，那老汉跟斗流水似地跑来了："王先生，你快去看看吧，这一会儿孩子疼得更厉害！"王神仙一听，头上直冒冷汗。张仲景说："先生，不管是吉是凶，学生情愿替先生走一趟。"这时候，病人正疼得在地上打滚。张仲景问问病历，又进行诊断，确认是没被毒死的一条大虫在作怪。只见他不慌不忙，掏出银针，把病人衣服扒开，认准部位，刺了进去。这一刺可把人吓坏了。只听病人惨叫一声，昏了过去。张仲景望望老汉惊慌的神色，笑呵呵地说："别怕，别怕，刺中了虫头，它还要挣扎几下，过一会儿就好了！"说话不及，病人呻吟两声，醒了过来。张仲景又开了副泻药，叫病人吃下。顷刻，一条尺把长的大虫被排泄出来，病人完全好了。王神仙知道后，又惊又喜，问道："二先生，你到底是什么人？"张仲景说："我姓张名机，字仲景，到这里拜师学艺来啦。"王神仙忙说："哎哟哟，原是南阳张仲景啊，什么拜师学艺，可不敢当！"立刻设宴款待。后来，张仲景回到南阳，两人还不断来往，成了很好的朋友。

对症下药

从前，一些郎中们只把医术传给自己的子孙，一般都不外传。那时南阳有个名医叫沈槐，已经七十多岁了还没有子女。他整天发愁后继无人，饭吃不下，觉睡不着，慢慢忧虑成病了。当地的郎中们来给沈槐看病，可老先生的病谁也看不好，越来越重。张仲景知道后，就奔沈槐家来。张仲景察看了病情，确诊是忧虑成疾，马上开了一个药方：用五谷杂粮面各一斤，做成药丸，外边漆上朱砂，叫病人一顿食用。沈槐知道了，心里不觉好笑。他命家人把那五谷杂粮面做成的药丸挂在屋檐下，逢人就指着这药丸把张仲景奚落一番。亲戚来看他时，他笑着说："看，这是张仲景给我开的药。谁见过五谷杂粮能医病？笑话！笑话！"朋友来看他时，他笑着说："看，这是张仲景给我开的药。谁一顿能吃五斤面？真滑稽！滑稽！"同行的郎中来看他时，他笑着说："看，这是张仲景给我开的药。我看几十年病，听都没听说过，嘻嘻，嘻嘻。"他一心只想着这件事好笑，忧心多虑的事全抛脑后了，不知不觉病就好了。这时，张仲景来拜访他，说，"恭喜先生的病好了！学生斗胆在鲁班门前耍锛了。"沈槐一听恍然大悟，又佩服，又惭愧。张仲景接着又说："先生，我们做郎中的，就是为了给百姓造福，祛病延年。先生无子女，我们这些年轻人不都是你的子女吗？何愁后继无人！"沈槐听了，觉得很有道理，内心十分感动。从此，就把自己的医术全部授给了张仲景和其他年轻的郎中。

巧治府台

东汉年间，南阳有个府台，他干了很多坏事，人们气恨他，巴不得找个出气的机会。这年，府台的女儿有病了，一连几个月，遍求名医也治不好。府台派家人去请张仲景来给女儿看病。那阵子，伤寒病正流行，张仲景每天早出晚归，到乡下给老百姓医病，只有儿子在家。他们就把张仲景的儿子请了去。张仲景的儿子常年随父学医，也是个知名的郎中。他来到府衙，询问小姐的病情，府台大人还没张嘴泪就先落下来："唉，她面黄肌瘦，茶饭不进，还不住地呕吐呢！"说着就叫给女儿诊脉。那时候，年轻郎中给女子看病，是不能见面的。所以只好从帘帏中牵出一根红线，一头拴在小姐的中指上，一头让张仲景的儿子拉着，放在耳朵边静听。他仔细地听了好久，心里不觉好笑：哈哈，就这病竟没人看得出吗？原来府台的女儿是怀孕啦！可他并不知道"病人"还是个没出阁的姑娘，就高声朝着府台说："恭喜大人！小姐没啥病呀，她是喜脉，你快要当外爷了！"府台一听，气得浑身乱颤，嚎叫道："混账东西！纯是一派胡言，快把他赶出去！"家人一拥而上，把张仲景的儿子痛打一顿，赶出了府门。晚上，张仲景回来听说了这事，心里十分气愤，他问儿子："你果真看得真？"儿子说："明确实实是怀孕，已经六七个月了。"张仲景沉吟了一会说："这个府台，干尽坏事，明天找他出气去！"

第二天，张仲景带着礼品，来到府衙，正赶上全城士绅和名流在那里议事。张仲景见到府台，施了一礼，说："不肖之子医理不明，口出不逊之言，望大人海涵。今天，一来赔礼道歉，二来我要亲自给令爱诊脉医病。"府台一听大喜，忙说："小女区区小恙，何劳先生大驾呀！"说着就要设宴款待。张仲景说："还是先给令爱诊病要紧。"府台忙叫人把女儿请出来。张仲景观看那女子气色，早已明白了几分。他暗用右手小拇指指甲剜了一点药面面，藏在宽大的袖中，然后端坐，给小姐把脉。张仲景一把脉，果然此女怀有身孕，已六七个月了，就对病人说："张开嘴巴，看看舌苔。"小姐刚张开嘴，他就把药弹进小姐嘴中，又叫端来开水，让小姐喝了。张仲景这才笑呵呵地对府台说："药到病除，送令爱到耳房观察，一会儿就会好的。"府台十分感激，摆上酒宴招待。他刚端起杯要敬张仲景酒，耳房就传来了小姐的呻吟声。府台有些诧异，张仲景说："这是药力到了。你放心，令爱顷刻就会痊愈的。"话音未落，只听哇哇的婴儿哭声从耳房传来。府台和夫人猛地惊呆了，一时羞得面红耳赤，恨不得钻进地缝里去。那些绅士名流也惊奇地你看看我，我看看你，交头接耳，暗暗发笑。张仲景哈哈大笑，当着众人，对着府台说："恭喜恭喜呀，这杯喜酒我可是喝定了。"说着端起酒杯喝干了。府台和夫人气得差点儿昏过去。张仲景为百姓们出了气，高高兴兴地回去了。

冬至吃饺子的传说

张仲景在长沙做官，那年告老还乡，正是冬天，寒风刺骨，雪花飘飘。他走到白河岸边，看到那些为生活奔忙的乡亲们，面黄肌瘦，衣不遮体，有好些人的耳朵都冻坏了，他心里很难受。张仲景一到家，登门求医的人很多，骡马来，轿车请，官宦人家、乡里豪绅，还有那富得流油的生意人，整日里把张仲景围个密不透风。张仲景虽然很忙，可心里总挂念着那些冻烂耳朵的穷乡亲。他叫他的弟子在南阳东关的一块空地上搭起医棚，盘上大锅，在冬至的那天开了张，给穷人舍药治冻伤。舍的药叫"祛寒娇耳汤"，做法是将羊肉、辣椒和一些祛寒药材放在锅里煮熬，等煮好后捞出来切碎，用面皮包成耳朵样子的"娇耳"下锅。娇耳熟后，分给来求药的人们，每人给一大碗汤、两只娇耳。人们吃了娇耳，喝了祛寒汤，只觉得浑身发暖，两耳发热。天天如此舍药，一直舍到年三十，人们的耳朵都治好了。大年初一，人们过年，就照着娇耳的样子做起过年的食物。有把这种食物称"娇耳"的，也有叫"饺子"的，还有叫"扁食"的。人们吃着饺子，不忘张仲景舍"祛寒娇耳汤"的恩情。

张仲景在长沙做官的时候，经常为长沙百姓除灾治病。瘟疫盛行时，他在衙门口盘上大锅舍药，受到了长沙百姓的爱戴。他告老还乡后，长沙的人们想念他，每年推选几位有德行的老人，带着乡亲们的心意来看望他。那年，张仲景身染重病，看来将不久于人世了。长沙老人想叫他寿终时葬在长沙，南阳的人哪里肯依，两下就争吵了起来。张仲景说："我吃过长沙水，不忘长沙父老情；我生在南阳城，不忘家乡养育恩。我死了，你们抬着我的棺材，向长沙方向走去，灵绳在哪里断了，就把我埋在哪里算了。"大家一听，也不再争论了。长沙选来精壮的小伙子，南阳的人们也选出了有力的后生。冬至那天，张仲景去世了，人们就按他的遗嘱，棺左是长沙小伙子肩扛，棺右是南阳后生肩扛，起棺出城往东走。灵柩到当年舍"祛寒娇耳汤"的地方，灵绳忽然断了。戴孝送殡的老百姓连忙跑回家去，拿上箩筐担土垒坟。你一挑，我一担，昼夜不停，把仲景的坟垒得很大。又在张仲景的坟前修了座庙，这就是现在的"医圣祠"。

张仲景为穷人除疾，舍"祛寒娇耳汤"的事一直在民间流传。人们说他成了仙，灵魂附在他的医书药方上，千秋万世，人们有了病，照着他的药方配副药煎熬下肚就好了。因此，每到冬至这一天，人们都要包顿饺子吃，说冬至吃了饺子不冻耳朵。

董奉——谱写"杏林春暖"佳话的贤医

董奉是东汉末年三国时期的名医，是基本与华佗、张仲景同时代的人。学科领域上，华佗擅长外科、张仲景精于内科、董奉亦医亦道，后人称之为"建安三神医"。董奉其人籍贯、生卒年月不详，医学成就和学术思想不明，与后两位相比，其来历和行踪有些云山雾罩，说不清、道不明，考证起来大伤脑筋，但他的故事则有趣得多。

据晋代陈寿《三国志》记载，董奉"居山而不种田，日为人治病"。隐居于庐山下，并不种田，为众多慕名而来求医的人治病，却有一个独特的规矩：治病从来不取分文，但要求被治愈者种植杏树作为纪念，"重病愈者，使栽杏五株，轻者一株"。多年以后，治愈者不计其数，所种的杏树已有十万余棵，郁郁葱葱，蔚然成林。春季花开似海，夏月浓荫葱葱，挂在树上的杏果沉甸甸、黄灿灿。董奉在此修身养性，读书看病，很是惬意。杏子熟了以后，董奉贴出告示，凡来购买者一律只用稻米交换，一石杏子换一石稻米。他除了用杏来换取稻米维持生活外，还救济山上山下贫苦的老百姓和接济旅途上断绝了盘缠的路人，而且还回收杏仁入药。

晋代葛洪《神仙传》还进一步演绎说：山中的飞禽走兽都游戏于杏林之下，如同人来帮助整治管理一样，一年到头杂草不生。杏子熟后，董奉就在杏林中搭建一个谷仓，凡有买杏之人都不必告诉他，只要将带来的稻谷倒入粮仓，自己取走相同容量的杏子就可以了。曾有一人"置谷少而取杏去多"，林中群虎便怒吼而追之，吓得他跌倒路旁，待回到家中，剩下的杏子竟和送去的稻谷一样多。"虎守杏林"并不载于正史，现实中生活当然也不可能发生，无非是民间为了说明董奉行医行善得到神佑神助而附会出来的离奇故事罢了。

作为"建安三神医"的华佗、张仲景、董奉，他们的命运是不同的。华佗被曹操杀害，张仲景应属自然死亡，董奉则"羽化登仙"了，被塑造成亦人亦神的形象。民间认为，做好事的人死后应该成为神仙，认定董奉是上天派下凡来的神仙，是专门来救死扶伤、除危济困的，反映了老百姓崇尚好人有好报的美好愿望。"虎守杏林"尽管带有灵异的成分，但"杏林"美名却一代一代地传扬了下来，逐渐演变为中医乃至医界的代名词了。至今人们还用"杏林春暖""誉满杏林"称颂医家高尚的医德医风，用"杏林高手"赞誉技艺精湛之良医，正所谓"杏林春秋"载医史，"杏林佳话"传万代。

竹林七贤——研究养生之道的魏晋学者群

魏晋时期，有七位著名的学者常在当时的山阳县竹林之中聚会。他们每次畅饮纵歌，吟诗论道，其乐融融。人们把他们称为竹林七贤，这七个人的名字是嵇康、阮籍、山涛、向秀、刘伶、王戎和阮咸。

那个时候，社会处于剧烈的动荡之中，战乱频仍，政治斗争也异常残酷激烈。在这样的环境中，竹林七贤享受生活，珍惜友情，探讨学问，体悟自然，成为人们心目中的学者楷模。

竹林七贤中的嵇康曾经写出《养生论》，向秀不认同他的观点，写出了《难养生论》来进行辩驳，之后嵇康又写了《答难养生论》，对向秀的质疑进行了回答。他们并不是在批判对方，更没有攻击对方，而是在讨论中，使得对养生问题的观点不断深入。

两个人的养生观点没有根本性的冲突。向秀认为人生苦短，养生要做到"非求过分，全理尽年而已"（《庄子·养生主注》）。嵇康认为，延年益寿的关键在于重视养生保健，"导养得理"，否则"亡之于微，积微成损，积损成衰，从衰得白，从白得老，从老得终，闷若无端。"

嵇康在其《养生论》中对"养生"做出了明确定义："是以君子知形恃神以立，神须形以存，悟生理之易失，知一过之害生。故修性以保神，安心以全身，爱憎不栖于情，忧喜不留于意，泊然无感，而体气和平。又呼吸吐纳，服食养生，使形神相亲，表里俱济也。"中国传统养生强调人与自然环境和社会环境的协调，讲究人的心理与生理协调一致，以及人体内部的阴阳调和、气化升降正常，即所谓"形神协调"。嵇康分析了形神之间的关系，强调养神以全身，养形以济神。

养生之难在于情欲摧残。嵇康意识到人们之所以短命，是情与物等方面摧残的结果，因此主张"清虚静泰，少私寡欲"。他指出："养生有五难：名利不灭，此一难也；喜怒不除，此二难也；声色不去，此三难也；滋味不绝，此四难也；神虑转发，此五难也。"下士养身，中士养气，上士养心。情志养生是养生保健的核心和关键，也是养生的最高境界。

养生之道是形神相得。晋唐时期的学者多崇尚老庄之学，主张清静无为，修身养性。嵇康指出，养生要"旷然无忧患，寂然无思虑，又守之以一，养之以和，和理日济，同乎大顺"。嵇康主张："修性以保神，安心以全身"，认为"清虚静泰，少私寡欲。知名位之伤德，故忽而不营，非欲而强禁也。识厚味之害性，故弃而弗顾，非贪而后抑也。外物以累心不存，神气以醇泊独著。""爱憎不栖于情，忧喜不留于意，泊然无感，而体气和平。又呼吸吐纳，服食养身，使形神相亲，表里俱济也。"

养生之法首要是少私寡欲。嵇康说"美色伐性"，"酒色令人枯"，这与枚乘所说"皓齿娥眉，命曰伐性之斧"见解一致。个人的欲望必须受到制约，不能为所欲为。少私寡欲，淡泊名利，崇俭去奢，多做善事，热心社会公益事业，才能有益健康。

养生要注意节制七情。嵇康《养生论》谓："喜怒哀乐，宁不伤人，故心不挠者神不疲，神不疲则气不乱，气不乱则身泰而寿延矣。"嵇康认为"神躁于中，而形丧于外"，指出人的精神情绪稳定，藏守于形体，脏腑功能才能协调平衡，正气充沛，维持人体健康。若情绪时时亢奋躁动不安，精神就会因此而涣散，不能控制形体。所以养生需养神养心，保持静养，思想清静，畅达情志，使精气神内守而不散失，保持人体形神合一的生理状态，心神清明，则血气和平，所谓"正气存内，邪不可干"。

嵇康认为音乐有助于养生，他在《琴赋》中说："余少好音声，长而玩之，以为物有盛衰，而此无变，滋味有厌，而此不倦。可以导养神气，宣和情志，处穷独而不闷者，莫近于音声也。"音乐可以使人"忘欢而后乐足，遗生而后身存"。据《世说新语·雅量》记载："嵇中散临刑东市，神气不变，索琴弹之，奏《广陵散》。曲终，曰：袁孝尼尝请学此散，吾靳固不与，《广陵散》于今绝矣。"竹林七贤中的阮咸也是妙解音律的人。他善弹琵琶，为当时著名的音乐家。他曾与荀勖讨论音律，荀勖自认为远不及阮咸。

此外，嵇康还倡导"呼吸吐纳"之法来养生。嵇康说："所食之气，蒸性染身，莫不相应。"

保持健康长寿不仅在于懂得养生之道，更重要的是把养生之道贯彻到日常生活中去。在中医理论指导下，中国民间形成了一系列养生保健的原则，如顺应自然、形神共养、动静适宜、协调阴阳等，具体来说，又有益气调息、通畅经络、和调脏腑、谨慎起居、节欲保精、饮食调养等，使得养生保健活动有章可循，有法可依。

嵇康、向秀等人的养生思想是竹林七贤学术体系的重要组成部分。他们面对世事纷乱，不仅追求人格的自由，而且还享受现实的生命，养生成为他们人生中的一个主要课题。嵇康、向秀等人的养生观从庄子的"贵生、保身"理论出发，强调形神共养，强调顺性去欲，注重情志、音乐、吐纳等具体养生方法，受到广泛的赞誉和后世的普遍遵从。

皇甫谧——首部针灸专著的撰写者

中国中医科学院医史博物馆藏

蒋兆和绘皇甫谧像

魏晋时代，政权更迭频繁，战乱不息，三百六十余年间，三十余个大小王朝交替兴灭。朝廷庭政府及官员为了自己的利益，争相拉拢名士出仕，而皇甫谧和嵇康、阮籍等一批名士，以正气凌暴虐，不肯降志辱身，拒绝出仕，演绎出一幕幕人间悲喜剧。本篇介绍的晋代名人皇甫谧其实本就出身将门世家，是汉代太尉皇甫嵩的曾孙。

皇甫嵩是东汉末期的名将。太尉曾是中国秦汉时中央掌管军事的最高官员，秦朝以"丞相""太尉""御史大夫"并为"三公"，后逐渐成为虚衔或加官。史书载皇甫嵩为人仁爱谨慎，尽忠职守，有谋略，有胆识。公元1123年，宋代王室依照唐代惯例，为古代名将设庙，七十二位名将中就包括皇甫嵩。

皇甫谧小时本应随父母生活在安定朝那（今甘肃省内），但因为过继给本家叔父为子，很小就随叔父迁居河南新安。过继，亦称过房，是传统宗族观念中的一种收养行为。大多数是为了延续男性继承人而为之。当一个家庭需要后嗣时，就从宗族或其他亲属中收养一位子女，以维持祭祀香火或男性继承人。皇甫谧虽出身于官僚家庭，祖上显赫，但后来家道逐渐衰落，至叔父辈已很贫困。据《晋书》记载，小时候的皇甫谧生活在叔父家，不爱学习，终日无所事事。然而，他虽顽劣但却是孝子，邻居送得一些瓜果之类，他总是先呈给他的叔母任氏品尝。有一天，任氏语重心长地对他说：《孝经》说虽然每天用牛、羊、猪三牲来奉养父母，仍然是不孝之人。你今年近二十，不读书就很难真正懂道理，你只有真正读书学习，才是对我最大的安慰啊。"并叹息说："从前，孟轲的母亲迁居了三次，使孟子成为仁德的大儒；曾参杀猪使信守诺言的教育常存。难道是我没有选择好邻居，教育方法有所缺欠吗？不然，你怎么会如此鲁莽愚蠢呢！修身立德，专心学习，是你自己有所得，我能得到什么呢！"说到激动处，叔母泪流满面。皇甫谧心有触动，终于激发了志气，于是，开始拜同乡人席坦为师，并在叔母的不断教诲下，勤读不倦，博览群书。

功夫不负有心人，渐渐地，皇甫谧终成一名知名学者，著述甚丰。他写的《帝王世纪》《年历》《高士》《逸士》《列女》《玄晏春秋》等书，都很受时人的推崇。还培养了弟子如挚虞、张轨、牛综、席纯，这些弟子后来都成了晋代的名臣。

可贵的是，皇甫谧淡泊名利，有人劝他为赢得名声而广泛结交，皇甫谧却认为"对于我们文士来说，贫穷是司空见惯的，讲究道义的人的确也常受到轻视，然处于贫穷之中而得到道的真谛，一辈子没有忧患，与那种为了追求富贵扰神耗精相比孰好孰坏，自然不言而喻啊！"有一个故事很能反映皇甫谧的秉性。城阳太守梁柳是皇甫谧父亲堂姊妹的儿子。当梁柳要去城阳赴任时，有人劝皇甫谧用酒肉为他饯行。皇甫谧说："梁柳未做官时探望过我，我都不出门迎送，吃饭也不过盐菜之类，贫穷的人不以酒肉来招待。现在他当了郡太守而以酒宴来饯行，是看重城阳太守的官职而看轻了梁柳本人，难道这符合古人的为人之道吗？那样做，我的心里会不安的。"

皇甫谧更拒绝去做官。晋武帝屡次下诏督促皇甫谧出来做官，皇甫谧皆婉拒，并曾以"草野之臣"之名上书说："我瘦弱多病，而归隐林泽山川之间与鸟兽为伴，不熟习人伦礼法。听说《韶》《卫》两种音乐不能同时演奏，《雅》《郑》两种曲子也不能同时进奏，周时王叔（晋厉公）受离间计而杀谷子，自身反被牵连作为谷子同党而被捕。所以，有地位的人和被统治者，在敬神典礼中都是用不同器皿的，我这样一个平庸的人，穿着显贵的锦缎绸衣是很不相称的。总之上有圣明的皇帝，下就有敢说真话的大臣；上有宽容的政策，下就有能委婉表达心愿的人。恳求陛下能留心才智之士和宽待我这样久病的人。"他的恳切言词，竟获得了皇帝的准许。皇帝为了表示自己礼贤下士，居然还送了一车书给他，一时成为街巷美谈。

由于潜心钻研典籍，甚至废寝忘食，有人说他是"书淫"。朋友告诫他，过于专心将会耗损精神。皇甫谧却说："早晨学到了道理，黄昏死去也是值得的，何况生命的长短是上天预定的呢！"终于有一天，皇甫谧得了风痹症，关节麻木，疼痛难忍，并蔓延到整个右半身。他多方寻医，时好时坏，备受折磨。

皇甫谧本不是医家，而是一个历史学者。正因中年时自己得了风痹症，促使他开始专注于医学。俗语说"秀才学医，笼中捉鸡"，他抱病自读了大量的医书，对针灸学颇有研究。随着研究的深入，他发现当时流行的针灸书籍深奥难懂而又错误百出，十分不便于学习和阅读。于是他通过自身的学习体会，加上自己久病成良医的实践体会，对针灸理论认真进行了全面整理，在当时流行的《黄帝内经》等经典医籍基础上，编著了我国第一部针灸学专著——《针灸甲乙经》，并流传至今。

《针灸甲乙经》一书是中国现存最早的一部针灸学专著，原名《黄帝三部针灸甲乙经》，简称《甲乙经》，和《黄帝内经》一样也冠名"黄帝"，因黄帝是传说中中华民族的始祖。据《史记》载，黄帝从小聪慧敏捷，长大后成部落首领打败其他部落后称霸中原，以德统国，成为中华文明的始祖。著书托名黄帝，说明此书的地位之高，好比今天出书者往往也喜欢傍名人，但在古代这是一件雅事，不像今天是一件俗事。西汉刘安在《淮南子》中指出，"世俗之人，多尊古而贱今，故为道者，必托之神农、黄帝而后能入说"，说明著书托名帝王在当时是一种风气。很多古医籍都是托名于古代帝王的，如《神农本草经》《黄帝虾蟆经》《黄帝明堂经》《黄帝八十一难》《黄帝甲乙经》等。

经过皇甫谧的梳理编次，一门独立的"针灸学"体系得以确立。《针灸甲乙经》为后人系统学习经典著作中的针灸理论，把握内容的主次先后，提供了一个很好的文本。作为一部学科专著，《针灸甲乙经》对专业理论系统和内容的结构起到了一种典范作用，至今同类针灸书的基本编写模式仍然无出于此。该书详细记载了经络理论及全身349个穴位，以及各穴位的明确定位、主治病证、针灸操作方法和禁忌等，并一一纠正了以前的谬误。还记载了200多种病证的500多个处方，其内容多是现存晋以前其他医籍中所未记载的，是今天《针灸处方学》的重要依据。

所以说，《针灸甲乙经》是针灸学发展中一部重要的奠基著作。中国最早的医学院校——唐朝太医署，在教授针灸学时就是以该书为教材的。后来，此书流传到了日本、朝鲜等国家，在国际上声望也很高。日本《大宝律令》就明确规定《针灸甲乙经》为学习中医的必修课本。

葛洪夫妇——中医"口袋书"的创始者

　　都说中医擅长慢病调治，其实《肘后备急方》（简称《肘后方》）是我国第一部临床急救手册，由东晋医药家葛洪所著。现代女士随身之物多放于挎包里，悬于肘部，古代则可以直接放在袖子里，因古装的袖子都较宽大。一般口袋袋口是斜向上的，袋子口也比较小，底部大，正如我们常在古装戏中看到人们把东西往袖筒中塞藏的情景。所以，"肘后"谓随身携带的意思，指医书或药方，一般卷帙不多，可以悬于肘后。如唐代杜甫《寄张十二山人》诗："肘后符应验，囊中药未陈。"前蜀贯休《宿赤松山观题道人水阁兼寄郡守》诗："珠殿香辂倚翠棱，寒栖吾道寄孙登，岂应肘后终无分，见说仙中亦有僧。"明代唐顺之《题赠施心菊医士》诗："肘后传方多已试，鼎中留药不嫌贫。"清代方文《京口访邬沂公感旧》诗："独怜肘后方书在，我欲从君隐市门。"肘后书相当我们今天的口袋书。

　　说起当今口袋书的兴起，大概要追溯到1935年7月在伦敦出版的"企鹅丛书"，这套丛书3年间销售2500多万册，获得巨大成功。口袋书从此流行于世并引发了一场"纸皮书革命"，对欧美国家的出版业产生了深远的影响，甚至与美国发明柯达克罗姆彩色胶片一起被列入20世纪的人类发明、人类冒险和不寻常的事件当中。

　　中医古代的肘后书，也是指方便、廉价、实用，并能应急的医疗保健手册。

葛洪，江苏人，为东晋道教学者、著名炼丹家、医药学家。字稚川，自号抱朴子，这是什么意思呢？即持守本真，不为外物所诱惑，出《老子》"见素抱朴，少私寡欲"典故。其父、祖父都是大官僚，其本人也因参加过镇压农民起义而被赐爵关内侯。晚年隐居于广东罗浮山，修心养性，著书立说，直至去世。

罗浮山是个草药宝库，药用植物有 1200 多种。罗浮山有一古迹"洗药池"，据说是当年葛洪洗草药之所，还传留他所写的"洗药池"诗一首：阴洞泠泠，风佩清清。仙居永劫，花木长荣。

《肘后方》集录了可以常常备在肘后的应急方药，注重便利实用。所以书中收集了大量救急用的方子，这都是他在行医、游历的过程中收集和筛选出来的。他特地挑选了一些比较方便获取的药物，即使必须花钱买也很便宜，纠正了以前的救急药方不易懂、药物难找、价钱昂贵的弊病。尤其是书中对天花、恙虫病、脚气病及疥螨等急性传染病的描述都属于首创。

天花是在世界范围被人类消灭的第一种传染病。1979 年 10 月 26 日，世界卫生组织宣布天花彻底消灭。但在古代，防治天花是很艰巨的事情。葛洪在书中对天花症状，以及其中对于天花的危险性、传染性的描述都是世界上最早的记载，而且描述得十分精确。

葛洪很注意研究急病。他所指的急病，大部分是我们现今所说的急性传染病，古时候人们管它叫"天刑"，认为是天降的灾祸，是鬼神作怪。葛洪在书中说：急病不是鬼神引起的，而是中了外界的疠气。我们都知道，急性传染病是微生物（包括原虫、细菌、立克次体和病毒等）引起的。这些微生物起码要放大几百倍才能见到，1600 多年前还没有发明显微镜，当然不知道有细菌这些东西。葛洪能够排除迷信，指出急病是外界的物质因素引起的，这种见解已经很了不起了。

结核病在今天已不是难治之病，但在新中国成立前仍是不治之症。葛洪在《肘后备急方》里面记述了一种叫"尸注"的病，说这种病会互相传染，并且千变万化。染上这种病的人闹不清自己到底哪儿不舒服，只觉得怕冷发烧，浑身疲乏，精神恍惚，身体一天天消瘦，时间长了还会丧命。葛洪描述的这种病，类似于今天的结核病。结核菌能使人身上的许多器官致病，诸如肺结核、骨关节结核、脑膜结核、肠和腹膜结核等。葛洪是我国最早观察和记载结核病的科学家。书中提到了结核病的主要症状，并提出了结核病"死后复传及旁人"的特性，还涉及了肠结核、骨关节结核等多种疾病，可以说其对结核病论述的完备性并不亚于现代医学。

葛洪的《肘后备急方》中还记载了一种犬咬人引起的病症。这里的犬就是疯狗。人被疯狗咬了，非常痛苦，受不得一点刺激，只要听见一点声音，就会抽搐痉挛，甚至听到水的响声也会抽风，所以有人把疯狗病又叫"恐水病"。在古时候，对这种病没有什么办法治疗。葛洪想到古代有以毒攻毒的办法，疯狗咬人，一定是狗嘴里有毒物，从伤口侵入人体，使人中了毒。能不能用疯狗身上的毒物来治这种病呢？他把疯狗捕来杀死，取出脑子，敷在病人的伤口上。果然有的人没有再发病，有人虽然发了病，也比较轻。（发病轻应该是古人知识不足造成的误解，狂犬病一旦发作死亡率100%，不管轻重都无差异）。书中记载的被疯狗咬过后用疯狗的脑子涂在伤口上治疗的方法比狂犬疫苗的使用更快捷而且有效，从道理上讲，也是惊人的相似。

葛洪用的方法是有科学道理的，含有免疫的思想萌芽。大家知道，种牛痘可以预防天花，注射脑炎疫苗可以预防脑炎，注射破伤风细菌的毒素可以治疗破伤风。这些方法都是近代免疫学的研究成果。"免疫"就是免于得传染病。细菌和病毒等侵入我们的身体，我们的身体本来有排斥和消灭它们的能力，所以不一定就发病，只有在身体的抵抗力差的时候，细菌和病毒等才能使人发病。免疫的方法就是设法提高人体的抗病能力，使人免于发病。注射预防针，就是其中一种免疫的方法。葛洪对狂犬病能采取预防措施，可以称得上是免疫学的先驱。欧洲的免疫学是从法国的巴斯德开始的。他用人工的方法使兔子得疯狗病，把病兔的脑髓取出来制成针剂，用来预防和治疗疯狗病，原理与葛洪的基本上相似。巴斯德的工作方法当然比较科学，但是比葛洪晚了1000多年。

葛洪把恙虫病叫作"沙虱毒"。现已弄清楚，沙虱毒的病原体是一种比细菌还小的微生物，叫"立克次体"。有一种小虫叫沙虱，螫人吸血的时候就把这种病原体注入人的身体内，使人得病发热。沙虱生长在南方，据调查，我国只有广东、福建一带有恙虫病流行，其他地方极为罕见。葛洪是通过艰苦的实践，才得到关于这种病的知识的。原来他酷爱炼丹，在广东的罗浮山里住了很久。这一带的深山草地里就有沙虱。沙虱比小米粒还小，不仔细观察根本发现不了。葛洪不但发现了沙虱，还知道它是传染疾病的媒介。他的记载比美国医生帕姆在1878年的记载要早1500多年。

葛洪妻子鲍姑嫁给了葛洪后，成为葛洪的得力助手，葛洪之著作中有甚多灸法急救术，与鲍姑善用灸法也有关。鲍姑长于灸法，以治赘瘤与赘疣闻名。她因地制宜，就地取材，以当地盛产的红脚艾进行灸治，取得显著疗效。"每赘疣，灸之一炷，当即愈。不独愈病，且兼获美艳。"应该说鲍姑是我国历史上第一位有文献记载的女施灸家。传说有一天，鲍姑在行医采药归途中，见一位年轻姑娘在河边照容，边照边淌泪。鲍姑上前一看，见她脸上长了许多黑褐色的赘瘤，十分难看。乡亲们因此都鄙视她，亦无法找到婆家，故而顾影自泣。鲍姑问清缘由，即从药囊中取出红脚艾，搓成艾绒，用火点燃，轻轻地在姑娘脸上熏灼。不久，姑娘脸上的疙瘩全部脱落，看不到一点疤痕，变成了一个美貌的少女。她千恩万谢，欢喜而去。

《太平广记》一书的《崔炜传》中还有这样一段记载：鲍姑升仙后，到唐贞元年间的中元节，在广东番禺人陈设奇珍异宝于佛庙时，鲍姑化为一乞食老妪，不慎打破人家酒瓮，无钱赔偿，正受到殴打，崔炜怜悯之，脱衣抵偿。有一天，在路上又遇崔炜，鲍姑说：谢子为吾脱难，不至被殴，我善灸赘疣，今有越岗山艾少许奉给你，每遇赘疣，只一炷之，不独愈苦，兼获美艳。崔炜接受后数日，遇老僧赘于耳，炜出艾试灸之，果如鲍姑所说，后又由老僧介绍他下山治一位家财巨万的任姓富翁的赘疣，炜因出艾，一灸而愈。任翁告炜说：谢君痊我所苦，无以厚酬，有钱十万奉先生。这段记载把鲍姑的越岗山艾当成神艾，可见鲍姑的灸术名不虚传。去掉神话的美丽外衣，可能是崔炜间接地学得了鲍姑再传弟子的灸术。

鲍姑的灸术，不仅名噪一时，而且相传了好几代人，直至明清两代，也还有人不怕艰辛，乞取鲍姑艾。葛洪在罗浮山逝世后，鲍姑和弟子黄初平到广州越岗，一面修道，一面为百姓治病。她继承了丈夫和父亲的医术，加上自己的钻研，医术更加精湛，往往药到病除，人们称她为鲍仙姑。鲍姑去世后，人们特地在越岗建"鲍姑祠"来纪念她。

陶弘景——与医药结缘的"山中宰相"

陶弘景（456—536），字通明，自号华阳隐居士，丹阳郡秣陵（今属江苏南京）人。其一生经历南朝宋、齐、梁3个朝代，博学多才，通晓阴阳、五行、山川、方舆、产物、医药、本草、天文、历算、兵学、铸剑、经学、文学艺术、道教仪典等，是我国古代著名的道教思想家、医药学家、炼丹家、文学家，是当时一个有相当影响的人物，对本草学贡献尤大。

陶弘景生于江东名门。祖陶隆，于南朝宋时侍从孝武帝征战有功，封晋安侯。父陶贞宝，深解药术，博涉子史，官至江夏孝昌相。陶弘景自幼聪明异常，喜爱阅读，四五岁常以芦荻为笔，在灰沙上学写字，十岁读葛洪《神仙传》，便立志养生，十五岁著《寻山志》。弘景博学多识，读书逾万卷，于六经诸子史传无所不通。十七岁时便与江学文、褚炫、刘俊等为宋朝外明四友。齐高帝做相时，引其为诸王侍读，除奉朝请，朝仪大事多取决于他。然他虽身在朱门，却独居一室，闭影不交外物，唯以读书为务。

陶弘景在刘宋末年的政治舞台上见证了一系列的腥风血雨，并且以命相搏，亲自参加了一场反击萧道成篡宋的政变，以这场政治暴风雨作为洗礼，步入了成人时期。这一事件令陶弘景心寒，此时他已产生了跳出红尘，隐居山林的念头，奈何父命难违，加上壮志未酬，只能继续辗转仕途。然而，后来的事实证明，他始终不适合官场的尔虞我诈。如此积年累月，他渐觉彻悟，遂萌生隐居修行之志。公元 492 年，陶景弘 36 岁时上表陈诚，以表自己解官归隐之意。表中大意是：我听说无论尧帝之时，还是汉朝，都有养生的风气。我为官已久，哪能留恋荣华富贵，所学也不是为了功名利禄。因此常想回归山野，享受田园生活，领略自然之美。我这就要离开朝廷了，临行之际，不胜眷恋，只好上表以明我心。齐武帝虽不舍，但仍应允了他，送给他大量的布帛及养生之物。他离开京城时，众官员都在路上为他送行，这也是南朝开朝以来从未发生过的事情。没想到，陶弘景在红尘饱受冷落，投奔山林却声誉鹊起。他来到了句曲山（茅山），就在那里潜心修炼，继续研究学问，从此开始了他的逍遥生活，学道、写书、炼丹……乐得自在。他拜陆修静弟子孙游岳为师，成为上清派传人，隐居句曲山华阳洞，后来成为南齐南梁时期的道教茅山派代表人物之一。

公元 502 年，梁代齐而立。梁武帝萧衍早年便与陶弘景认识，即位之初，国号未定。弘景引诸谶记，皆成"梁"字，上书武帝，告之"梁"是运符，武帝遂立国号为梁。梁武帝深知陶弘景的才能，欲聘弘景入朝为官，辅佐朝政，亲手写诏召之，并赐以鹿皮巾，后屡加礼聘。于是陶弘景画了一张画，画上有两头牛，一头自在地吃草，一头带着金笼头，被拿着鞭子的人牵着鼻子。梁武帝一见，便知其意。后来，梁武帝只好时常将国家大事写成信件，派人送到句曲山请教陶弘景，陶弘景看在多年好友的份上，也时常写信给梁武帝，指点政事。于是，朝廷与句曲山间音信不断，陶弘景虽身在方外，却俨然成了朝廷决策人物，当时人们都称他为"山中宰相"。

陶弘景在几十年治学的过程中养成了遇到疑难就去调查研究的良好习惯。一天，他读到《诗经·小宛》的"螟蛉有子，蜾蠃负（抱）之，教诲尔子，式谷似之"几句，就很不以为然。《诗经》的旧注说，蜾蠃（一种细腰蜂）有雄无雌，繁殖后代是由雄的把螟蛉（青蜘蛛）的幼虫衔回窝里，叫那幼虫变成自己的样子，而成为后代。恰好一个朋友也来问这是怎么回事。他就先去查书，书中说的跟《诗经》旧注的一模一样。他想：这些书尽是我抄你，你抄我的，查书是查不出什么名堂了。我何不亲自到现场看个究竟呢？于是，陶弘景来到庭院里找到一窝蜾蠃。经过几次细心的观察，他终于发现，那螟蛉幼虫并非是用来变蜾蠃的，而是蜾蠃衔来放在巢里，等自己产下的卵孵出幼虫时，把它们作为食物。蜾蠃不但有雌的，而且有自己的后代。蜾蠃衔螟蛉幼虫做子之谜，终于被陶弘景用调查研究的办法解开了。从这件事，他就得出一个结论：治学要重视调查研究，不能因为别人怎么说自己也跟着怎么说。由此可见他治学的严谨。

在医学方面，陶弘景十分喜爱医药学，他读了很多书，也不拘于书中的言论，亲自走到自然中去寻找药物，并以实际的观察来印证书中的内容。他最大的贡献就是编写了继《神农本草经》之后的第一部药学专书《本草经集注》。该书在描述的内容、所载药物的数量及分类方法等方面，都比《神农本草经》上了一个新的台阶。陶弘景对南北朝以前的本草学进行了整理、总结、创新，使中国本草学走上系统化，为后世历代主流本草所宗。后世主流本草，无论是总论或各论方面，都是沿袭陶弘景所创范例向前发展的。

作为我国最早的一部本草学专著《神农本草经》，始见著录于梁阮孝绪《七录》。而其经过历代辗转传抄，谬误积累甚多。对《神农本草经》存留文本进行整理和补充，对药物学进行更全面的总结，已经成为医学发展的迫切需要。因此，陶弘景便以其独具的才识，担当起继续发展《神农本草经》药物学的使命。陶弘景在《神农本草经》的基础上写成《本草经集注》，其载药七百三十种，内容丰富，条理分明，是药物学领域的重大贡献。可惜此书亡佚已久，现仅存发现于敦煌石窟的《序录》残卷，约仅为原书七分之一。

《本草经集注》的特点，一是改进了药物分类法体系，按照自然来源与属性分类。他把药物分为玉石、草木、虫兽、果、菜、米食、有名无实等七类，前六类又分为上中下三品；同时又首创"诸病通用药"分类法。这种纵横交错的分类法颇便于临床治疗时应急寻检，也有利于医药知识的普及。二是对药性的鉴别更加深入细致。《神农本草经》把药区分为酸、苦、甘、辛、咸五味，为了与阴阳五行的概念模式相应，不免有牵强之处。陶弘景不盲从药味，而比较注重药性。他特别注意区分药性的寒温，细分则有寒、微寒、大寒、平、温、微温、大温、大热八种。他在《本草经集注》中采用了简明的标记药性寒温的方法，并注意鉴别药用植物的形态以了解药性。三是注重药物的加工炮制与制剂法则。如指出麻黄去节，桃仁、杏仁去皮尖等。四是阐发了药性之间的辩证关系。当用药性相须相使的相配，这是一般原则；但是在需要去除某些药物的毒副作用时，又不妨配用相恶相反甚至相畏相杀的药。

陶弘景的《本草经集注》是继《神农本草经》之后，对本草学做了比较系统、全面的归纳和总结的一部划时代的药物学著作，是我国本草学发展史上的一个里程碑。《本草经集注》问世以后，对后世医家的影响很大。例如唐代的《新修本草》，宋代的《证类本草》等都是以它为蓝本，按照它的体系发展而成。除了《本草经集注》，陶弘景还著有《药总诀》等。

古代医药并不分家，是本草学家，在医理上也必然精通其道，陶弘景正是如此。他首先整理葛洪的《肘后方》为《补阙肘后百一方》，并著有《效验方》。此外，陶弘景在其他学科如天文历算、养生学方面也都有所研究，据称还制有"浑无仪"，可惜已无可考。在养生方面，著有《养性延命录》《养生经》。据记载，陶弘景一生著作很多，宋代贾嵩《华阳隐居内传》记有陶氏著作三十二种，二百三十三卷之多。

陶弘景既热心医术，又志在修道，自然对养生学用力极深。他十分重视道教养生学的研究，主张道士的修炼应从养神、炼形入手。为总结道教在养神、炼形方面的修炼经验，撰写了《养性延命录》一书。强调养神当"少思寡欲"，"游心虚静，息虑无为"，调节喜怒哀乐情绪，防止劳神伤心；炼形则要"饮食有节，起居有度"，避免过度辛劳和放纵淫乐，辅以导引、行气之术，方能延年益寿，长生不老。

《养性延命录》是陶弘景系统总结归纳前人养生理论和方法而撰集的一部重要道教养生著作。此书收入明代《正统道藏》洞神部方法类，题为"华阳陶隐居集"。《养性延命录》在系统归纳总结前人养生经验的基础上，提出了一整套养生理论和方法，堪称魏晋之际道教医学养生学集大成的著作。

陶弘景认为养生即是修道。他在《养性延命录》中引经据典，从贵人重生的道教生命哲学观出发，反复论述了养生在修道中的意义和必要性，强调养生与修道是统一的，即所谓"养生者慎勿失道，为道者慎勿失生。"必须做到"道与生相守，生与道相保。"这种将养生与修道视为一体的思想对道教影响甚深，为道教确立"生道合一"的基本教理奠定了基础。

陶弘景在《养性延命录》中还突出强调了"我命在我不在天"的积极预防养生思想。他高举"我命在我不在天"的道教生命哲学大旗，认为人之夭寿、性命之长短操之在我。修道之人如果平时能加强身心修养，注重生活禁忌，善于运用各种手段、方法进行调整，就能使身心处于健康状态，防止疾患萌生。陶弘景认为对疾病的预防要从身心两个方面入手，综合地采用存神、服气、导引按摩、服饵、食疗、房中等手段。他所提炼出的这一整套养生理法，具有养神与炼形并重、形神兼养的特点，是对以往道教养生经验和思想的概括和总结，为道教最终形成性命双修、动静结合、合修众术的医学养生模式打下了理论基石。唐代著名道医孙思邈就将上述养生大要刊载于其不朽医著《备急千金要方》中，成为医道两家奉行的养生要则。

陶弘景的养生思想还讲求饮食卫生、起居宜禁。俗话说："民以食为天。"饮食是人类维持生命的基本条件，饮食是否合理、得当直接关系到个体生命质量的高低。道教养生家历来重视饮食调养和饮食卫生之道，陶弘景谓："百病横夭，多由饮食，饮食之患过于声色。声色可绝之逾年，饮食不可废之一日。为益亦多，为患亦切。"合理调配饮食有益身心健康，而暴饮暴食则损人年命。道教养生学的一个基本思想是"养生以不伤为本"，故道门对养生禁忌十分重视。陶弘景认为养生的关键在于"避众伤之事"，众伤之事包括大乐、大愁、多视、多睡、贪美食、夫妇同沐、大汗勿脱衣、新沐当风、久忍小便、夜卧覆头等衣食住行各个方面。对这些伤身害体之事的认知和规避，久而久之便形成了日常养生禁忌。《养性延命录》中所总结的养生禁忌多是摄生、护生的经验之谈，值得当今社会人们的高度重视并认真加以借鉴。

《养性延命录》中还体现了服气疗病的自然疗法思想。服气，也称食气、行气，是道教徒常用的一种养生保健手段。在修道者看来，气对人体十分重要，"气者，体之充也"，气是生命之本，人体所内蕴的生命之道也与气密切相关。"道者，气也。保气则得道，得道则长存。"人体之气与天地之气是贯通的，如果能通过吐故纳新的呼吸锻炼，呼出体内浊气，吸纳天地自然之清气，便可获得补益，健生益寿。

陶弘景的一生颇具传奇色彩。在方外山林中他度过了一生八十个年头的后四十年，为浮躁的社会展示了一种相对镇定安详、逍遥适意的生活方式，虽非完美，却也别有情趣。

萧纲——拟就《劝医论》的皇帝

　　梁简文帝，名萧纲，为梁武帝第三子，生于 503 年，卒于 551 年。531 年，萧纲被立为太子。侯景作乱，在 549 年 5 月将梁武帝饿死于台城，同月又立萧纲为帝。梁简文帝是一个傀儡皇帝，事无巨细，皆听命于侯景，家人也惨遭侯景蹂躏。他年仅 14 岁的女儿溧阳公主，被 47 岁的侯景强娶为妾。他的 8 个儿子及宗室王后 20 多人被侯景斩草除根。公元 551 年，侯景还是嫌梁简文帝这个傀儡皇帝妨碍他篡位，决定杀死萧纲，命部下王伟等人去办。王伟等人来到软禁萧纲的地方永福省，假称向陛下献酒祝寿，实欲借机杀死萧纲。萧纲自知难逃一死，冷笑一声说，我已经禅去帝位，你们怎么能再称我为陛下，看来这寿酒别有来意吧，说罢就捧酒痛饮。并说我如果不图快乐，何至于如此结局呢，直喝得大醉昏睡。王伟见时机已到，便让人取来一只装满泥土的袋子压在萧纲脸上，又命手下坐在泥土袋子之上，将他活活闷死。可怜一代君主生不逢时，竟死于非命。

　　梁简文帝才智超人，据《南史》记载，他一生著述颇丰，有文集一百卷、《昭明太子传》五卷、《如意方》十卷等。梁简文帝酷爱文学，擅长赋诗为文，其为太子时，曾与其他文人一起创作了大量轻艳的诗作，是"宫体诗"的代表人物之一。

　　梁简文帝十分喜爱医学，除了《如意方》之外，还撰有一篇极有影响的名文《劝医论》，此文见于唐人所辑《初学记》、宋人所辑《文苑英华》、清人所辑《古今图书集成》《全上古三代秦汉三国六朝文》中。《劝医论》开篇即曰："天地之中，唯人最灵，人之所重，莫过于命。虽修短有分，夭寿繫天，然而寒暑反常，嗜欲乖节，故疟寒痟首，致毙不同，伐斧烂肠，摧年匪一，拯斯之要，实在良方。"上述文字强调人最宝贵的是生命，但外在的寒暑反常，内在的嗜欲乖节，皆能使人的寿命缩短，甚至会致人死亡。"拯斯之要，实在良方"，就是说，掌握医学知识，将有助于防病治病，拯救苍生百姓。然而医理深奥复杂，"医之为道，九部之脉甚精，百药之品难究，察声辨色，其功甚秘，秋辛夏苦，几微难识"。医学如此艰深，医生们应当穷心尽力钻研，方能知其奥理，应对复杂多变的疾病。但是世上的医生不认真钻研医学，对医学知识一知半解，"而比之术者，未尝稽合，曾无讨论，多以少壮之时，涉猎方疏，略知甘草为甜，桂心为辣，便是宴驭自足，经方泯弃，同庚黢之读《庄子》，异孔丘之好《周易》"。这些所谓的医生仅仅把行医当作谋利的手段，临证时必然会敷衍病人，根本不管病人的生死。等到自己的亲人及好友患有沉疴，因无真才实学，虽欲起死回生，也必不可得。"治疾者众，必以孟浪酬塞，误人者多，爱人者鲜，是则日处百方，月为千轴，未尝不轻其药性，任其死生。淳华之功，于何而得？及其爱深亲属，情切友朋，患起膏肓，疴兴府俞，虽欲尽其治功，思无所出，何以故然？本不素习，卒难改变故也。"梁简文帝对医学的认识确是超出常人，他对某些医生们的恶劣医疗作风也揭露批判得入木三分。《劝医论》所述，在今天还有着很深的启迪价值。

隋文帝、隋炀帝——重视医学的父子皇帝

隋朝统一全国之后，海内太平，再加上隋文帝、隋炀帝父子二人都重视医学，使得隋朝的医学出现了一些不同以往的新气象。

隋朝建立了比起前朝更为完善的医事管理制度。隋文帝对国家的医事管理制度做了较多的改革，使之更为完善。隋代的医事管理制度，主要体现在四个方面：一是在门下省设立了为帝王服务的尚药局和尚食局。隋炀帝大业年间，尚药局改归殿内省，且规模有所扩大。二是在太子门下坊设立了为太子服务的药藏局。三是在太常寺下设立管理医疗兼医学教育的太医署。四是太仆寺置兽医博士员。

隋炀帝在位时，还组织人员编纂了三部重要医学文献，这就是《诸病源候论》50卷、《四海类聚单要方》300卷、《四海类聚方》2600卷。《诸病源候论》是太医博士巢元方等奉敕撰就的医书，成书时间为隋炀帝大业六年（610）。该书将内、外、妇、儿、五官、皮肤等科疾病分为67门1739候，分别从病因、病理、临床表现、演变过程及预后等方面进行了详细的论述。此书流传到唐代，尚不太受人重视，逮及宋代，开始受到重视。清人朱彝尊在他的《曝书亭集》卷五十五中说，自"王怀隐、王祐、陈昭遇等集《圣惠方》，每部取元方之论冠其首，神宗以之课试医士，是编始大显于时"。

隋文帝、隋炀帝十分注重收集书籍，史家有"历代之书籍，莫厄于秦，莫富于隋"之说。隋代所集之书以五行及医书为最。唐人所撰的

《隋书·经籍志》共收医书256部合4510卷。清人姚振宗在《隋书经籍志考证》卷三十七中说道："隋代蒐书，于五行、医方两类有意广为收聚，故本志（指《隋书·经籍志》）亦于此二类所载，视他类为特多。"从隋代特别重视收集医书的事实我们不难推论，隋文帝、隋炀帝是两位喜爱医学的帝王。

《隋书·经籍志》所载医书中部头最大的是《四海类聚方》和《四海类聚单要方》，前者多达2600卷，后者则为300卷。上述两部书中的《四海类聚单要方》在《隋书·经籍志》中没有标明撰者，但《旧唐书·经籍志》说为隋炀帝撰，《新唐书·艺文志》则说为隋炀帝勅撰。笔者认为，隋炀帝亲自撰写的可能性不大，应是隋炀帝勅撰。至于《四海类聚方》，历代书目均未说明撰者，但我们完全可据《四海类聚单要方》之例，推测《四海类聚方》亦由隋炀帝勅撰。一部多达2600卷的大型医书，如果没有皇帝勅令，是根本不可能撰就的。《四海类聚单要方》到唐代仅存16卷，而《四海类聚方》在唐代尚完整存在，此后到宋代，两部书均失传了，这实在是一大憾事。《四海类聚方》是隋代所存医学文献的渊薮，《四海类聚单要方》则是《四海类聚方》的节选本。上述两部书与《诸病源候论》互为表里，相辅相成，前者侧重治疗方剂，后者侧重医学理论，代表了隋代医学文献整理的最高成就。隋炀帝之后，宋太宗赵光义亦仿隋炀帝之成例，诏贾黄中等撰成《神医普救方》1000卷，此书撰成于雍熙三年（986）。后来太宗又诏王怀隐等撰成《太平圣惠方》100卷。由此亦可见，隋炀帝喜爱医学对后世帝王是有一定影响的。

孙思邈——百科全书式的"药王"

孙思邈（581—682），我国唐代医药学家，生于京兆华原（今陕西省铜川市耀州区）。他自幼聪颖好学，开始读书。幼年的孙思邈看的书主要有老子、庄子等百家学说，还喜欢看佛典，七岁便能够每天背诵上千字的文章。

孙思邈幼时得了瘟疫，生病期间用光了家里的资产，病好的孙思邈为减轻母亲负担，便跟随木匠去拉锯解板。在干活之余还坚持攻读医书，并搜集民间验方和秘方，对医学有了初步了解。一天，孙思邈遇见一

中国中医科学院医史博物馆藏
蒋兆和绘孙思邈像

位怀抱重病孩子的妇女，他开了一张药方，孩子服药后病逐渐好了起来，孙思邈也小有名气。

经过这件事之后，孙思邈便离开太白山回乡行医去了。但是回乡之后的孙思邈并不如意，在流行狂犬病的一段时期，他目睹了大量病人的死亡。血淋淋的教训刺激了孙思邈，这个时候的孙思邈知道，自己离一名药到病除的名医还差得太远。于是孙思邈去了终南山，在这里与著名的净业寺高僧道宣切磋医道，全身心地钻研医药诊治之法。

二十岁时，孙思邈医道学成。他一心一意要用自己的精湛医术为穷

苦百姓服务。凡是没有钱看病的人，他不但不收诊费、药钱，还腾出房子给远道而来的病人住，并亲自熬药给病人喝。不论三更半夜，还是狂风暴雨，只要有人请他看病，他从不推辞，一定立刻赶去救治。

孙思邈对医术精益求精，而且在医疗实践中不断创新，发现了一些新的疾病，创造出一些新的治疗方法。世界上第一个眼科疾病夜盲症的发现者是孙思邈，找到治疗方法的还是孙思邈。这在世界医学史上是一个重要发现和突破。当时山区的老百姓中，有的人白天视力正常，一到了晚上就什么也看不见了，他们感到奇怪，便找到孙思邈诊治。孙思邈经调查发现，患这种病的都是穷苦人家。他看到穷苦百姓劳苦终日，得不到温饱，更缺乏营养食品。他想到医书中有"肝开窍于目"的说法，又想到五台山地区的飞禽和野羊、野猪很多，便让夜盲症病人吃捕获动物的肝脏。病人吃上一段时间，夜盲症便慢慢地好转了。

同时，在当地有几家富人找他看病，他看到病人身上发肿，肌肉疼痛，浑身没劲，孙思邈诊断为脚气病。他想："为啥穷人得的是夜盲症，富人得的是脚气病呢？这很可能也和饮食有关系。"他比较了穷人和富人的饮食，富人多吃精米白面、鱼虾蛋肉，而穷人多吃五谷杂粮。他仔细一分析，粗粮内夹杂着不少米糠麸子，精米白面把这类东西全去掉了。他估计脚气病很可能是缺少米糠和麸子这些物质引起的。于是他试着用米糠和麦麸来治疗脚气病，果然很是灵验，不到半年，周围几家富人的脚气病都陆续治好了。后来，他还发现用杏仁、吴茱萸等几味中药也能治好脚气病。

孙思邈又是世界上导尿术的发明者。据相关记载，有一个病人得了癃闭，撒不出尿来。孙思邈看到病人憋得难受的样子，他想："吃药来不及了。如果想办法用根管子插进尿道，尿或许会流出来。"他看见徒弟拿着一根葱管，孙思邈决定用葱管来试一试。于是他挑选出一根适宜的葱管，切去尖的一头，然后小心翼翼地插进病人的尿道里，再用力一吹，不一会儿，尿果然顺着葱管流了出来。病人的小肚子慢慢瘪了下去，病也就好了。

久住山区的人很容易得大脖子病，在脖子前面长出一个大瘤子来。孙思邈想：人们常说，吃心补心，吃肝补肝。能不能用羊靥（羊的甲状腺）治疗大脖子病呢？他试治了几个病人，果然都治好了。

一天，一个患腿疼的病人来就诊，孙思邈便给他针灸。他按照医书上的穴位扎了几针，却未能止疼。他仔细认真地寻找新的穴位，一面用大拇指轻轻按掐，一面问病人按掐的部位疼不疼，病人一直摇头。最后，当孙思邈的手指按掐住一点时，病人立即感到腿疼的症状减轻了好多。孙思邈就在这一点扎了一针，病人的腿立刻就不痛了。这种随疼点而定的穴位叫作"阿是穴"，又名天应穴、不定穴。这是孙思邈对我国针灸学的一大贡献。

传说孙思邈当初行医出名之后，总觉得自己在某些医术上还不如别人。他为了在医学上有更深的造诣，便改换姓名，到县城一家药铺为一坐堂名医当了抓药的徒弟。一次，一个员外带领女儿前来就诊，说女儿肚子阵阵发疼。经过坐堂医生诊断，认为肚子里有虫作怪，便给开了一剂有毒的打虫药。孙思邈接过药方看过后，认为药量开少了，虫打不下来。坐堂医生一听，拍着桌子怒道："我行医几十年，过的桥比你走的路还要多，你懂什么，快去抓药要紧！"小姐服药之后，当时肚子就不疼了，员外十分高兴，坐堂医生也沾沾自喜。不料小姐正准备回家时，却又疼痛起来，反而比来时疼得更加厉害。员外见状大怒，责问坐堂医生，坐堂医生有些不知所措。他忽然想起刚才徒弟抓药时所说的话，于是连忙将他叫到别处，问了原因。孙思邈言道："从小姐的病情来看，她肚子里虫量较大，但先生开的药却仅能将虫毒晕，而不能毒死。小姐服药后暂时不疼了，那是因为虫被毒晕了。可过一会儿虫醒过来，便要进行报复，因此小姐肚子疼得就比之前厉害了。"坐堂名医一听心服口服。为了治好小姐的病，应付眼前局面，便很快按照徒弟的意见重新配了一剂药。小姐服后不一会儿，虫被排泄出来，肚子也不疼了。后来坐堂名医再三追问，得知此人是大名鼎鼎的孙思邈，被他不耻下问的求学态度所折服。

孙思邈医术高明的声誉传遍都城长安，隋文帝请他出任"国子博士"。这是主管教育行政及给王侯公卿的子弟教书的官职，然而受道家思想影响颇深的孙思邈却觉得为官太过事故，无法自由地做自己想做的事情，无法潜心研究自己热爱的医学，于是便辞谢了朝廷的封赐，假托有病谢绝，继续隐居埋名，钻研医学，为山区人民解除疾病的痛苦。

据说还有一次，唐太宗李世民带兵打仗，兵败溃逃，李世民连人带马陷进淤泥河里。由于惊吓过度，李世民回宫后就病倒了。他精神恍惚，心神不安，食欲不振，噩梦纷纭，常常在梦中惊呼："爱卿救我！"醒后发现一身冷汗。太医院用了许多养心宁志、镇惊安神的药物，都没有效果。有位大臣出了一个主意，布告天下，征召名医，有能治愈皇上疾病者，愿做官者封以高官，不愿做官者赏以重金。告示贴出后，一连数日，竟无一人敢来应召。一天傍晚，孙思邈身穿布衣，手拄木棍，出现在宫门外。卫士将孙思邈带进宫去，他让宫里的人给他准备了一个一丈高的大淤泥团，摆在桌子上。他给皇帝请了安，说是圣上的病治起来也很简单，只需要天天目不转睛地看这淤泥团，到九九八十一天，泥团消失了，皇上的病也就好了。唐太宗治病心切，也就相信了。他天天站着看，坐着看，躺着看，时时盼望着泥团减小。眼看一天天过去了，好容易到了第八十一天，"药团"一点也没有缩小。唐太宗十分恼火，认为孙思邈是在愚弄他，要治他个"欺君之罪"。他见到皇上，不慌不忙地说："我是来给皇上治病的，泥团固然没有消减，可圣上的病是否减轻了呢？"唐太宗这才想起来，自从聚精会神地看那泥团以来，病情果是逐渐减轻，至今竟一点症状也没有了。饮食甘甜，心境平静，不再害怕，也不再做噩梦。于是连忙问道："你这是什么治法呢？"孙思邈回答说："圣上被陷淤泥河，连惊带吓，神气失散，整天回忆那种场面，以致形成这场病。我用这泥团让你天天看，盼着它减小，是把你的神思从淤泥河中引导开来，如此数十日，病还有不好的道理？泥团是不会被看小的，那不过是为你收神而设的'幌子'而已。"唐太宗听了，觉得很有道理，于是高兴地说："你真是药王啊！"为了表彰孙思邈的功绩，唐太宗赐他爵位，后来唐高宗又封他为"谏议大夫"，他都未接受，继续在民间行医。

也是在唐朝贞观年间，长孙皇后怀孕十多个月不分娩，宫廷太医精心诊治后病情仍然不见好转，唐太宗便差人请了孙思邈进宫。孙思邈给长孙皇后诊脉时，宫内的御医开始用丝线拴在冬青根、铜鼎足部和鹦鹉上来试探孙思邈。这种小伎俩一点也没有难倒孙思邈，很快就被一一识破。孙思邈给皇后悬丝诊脉之后，向唐太宗禀告说："娘娘迟迟不娩，只需在中指上微刺一针即可，再吃几副汤药，娘娘的玉体就能康复。"针后不久，皇后果真顺利分娩了。随后，孙思邈又为皇后开了药方。皇后病愈康复，唐太宗命孙思邈执掌太医院，被其婉言谢绝，唐太宗只好放行，给以丰厚赏赐并题诗相赠，至今，药王山矗立的高大石碑上，还镌刻着李世民的赠诗："凿开径路，名魁大医。羽翼三圣，调和四时。降龙伏虎，拯危救急。巍巍堂堂，百代之师。"

孙思邈的《备急千金要方》和《千金翼方》共收医方6500多个，大多为前代著名医家的宝贵经验，使我国医学的发展达到了一个新的阶段。而且，《备急千金要方》有述有作，验方经方兼备，较系统地总结了自《内经》以后至唐初的医学成就，是继《伤寒杂病论》后我国医学的又一次总结，在临床治疗学、药物学、养生学、食疗学、预防医学、医德学等方面都有很高的成就和创见，被誉为我国历史上最早的临床医学百科全书。

首先，孙思邈认为，一个真正的"大医"，必须做到"省病诊疾，至意深心；详察形候，丝毫勿失；处判针药，无得参差"。从诊断治疗到处方开药，自始至终都要做到兢兢业业，小心谨慎。其次，医生对来求治的病家应该不分贵贱，一视同仁。最后，作为一个"大医"，应该具备不避脏臭、不贪财物的品德。除此之外，孙思邈还要求医生谦虚谨慎、博览好学，不骄傲自满、沽名钓誉，全面论述了一个好医生所应有的道德品质。

他还发展了唯物的养生长寿学说，反对服石追求长生不老的幻想，提倡吐故纳新的"静功"和熊经鸥引的"动功"相结合，并辅以食治、劳动和讲求卫生等，使养生学与老年病的防治相结合。

在药学方面，他重视综合治疗，常以针药配合按摩治疗。在临证时特别注意辨证用药，根据药物的实际效果选用，反对滥用贵重药品。为保证药物质量，他常自种自采，自行炮炙。后人把他尊为"药王"，并立祠纪念。在他的家乡陕西，药王庙至今香火不断。

孙思邈的著作不仅在国内流传广泛，对日本等许多亚洲国家医学的发展也有着明显的影响，日本公元十世纪的医学巨著《医心方》，朝鲜公元十五世纪的医学巨著《医方类聚》，无不从中汲取了丰富资料和经验。

陆贽——撰就《陆氏集验方》的一代名相

　　陆贽（754—805），字敬舆，浙江嘉兴人。陆贽18岁登进士第，大历十四年（779），唐代宗李亨死，其子德宗李适即位。建中四年（783），泾原兵变，德宗率少数朝臣逃到奉天（今陕西乾县）。陆贽早在德宗为东宫太子时就已被赏识，德宗即位后被召为翰林学士，这时也随驾到了奉天。朝廷向各地发布诏书，有时一天多达几百道，都出自陆贽之手。他"挥翰起草，思如泉注，初若不经思虑，既成之后，莫不曲尽事情，中于机会，胥吏简札不暇，同舍皆伏其能"。贞元七年（791），窦参为相，此人刚愎自用，不学无术，多引亲朋安置于要害部门，又素忌陆贽的才能，陆贽也对他的行为不满，因此，彼此之间矛盾很大。后来，陆贽被免去了翰林学士之位，改任兵部侍郎，知贡举，主持科举考试。在他主持下登第的有裴度、韩愈、李绛、崔群等人，都是才华出众之辈，时人誉为"龙虎榜"。裴度后来成为名相，韩愈成为"文起八代之衰"的著名古文家。贞元八年（792），因窦参得罪，德宗以陆贽为中书侍郎、司中书门下平章事。陆贽后来上疏揭发奸臣裴延龄的所作所为，裴延龄则在德宗面前说陆贽的坏话，而猜疑成性、喜欢奉承的德宗终于在贞元十年（794）十二月罢免了陆贽的宰相职务，改为太子宾客。一年以后，陆贽又被贬为忠州（今重庆市忠县）别驾，这时他才四十二岁。

　　陆贽在忠州十年，闭户读书，勤研医术，为人治病，并著有《陆氏集验方》五十卷。贞元二十一年（805），顺宗李诵即位，召陆贽等人回朝，但诏书未到，陆贽就去世了，终年五十二岁。陆贽谥曰宣，因此又被称为陆宣公。陆贽一生以忠君爱民、济世匡时为宗旨，知无不言，言无不尽，兴利除害，推贤任能，功绩不在唐代名相房、杜、姚、宋之下，因而一直为世人所推崇。后世有人将他比作汉朝的贾谊，曾国藩也曾称赞过陆贽的文章。

朝廷官员撰辑医书并非始于陆贽。在此之前，即有王焘辑录弘文馆所藏医书，成《外台秘要》四十卷。陆贽为一代名相，所以他在忠州撰成《陆氏集验方》一事，对后世影响极大。后世屡屡有政府官员或在得意之时，或在失意之时，用心撰集医书，且多命名"集验方"，以此济世救民。举例来说，宋代即有洪遵撰《洪氏集验方》五卷，此书在宋乾道六年（1170）刻于姑孰郡斋，系用公文纸印刷。

陆贽撰《陆氏集验方》的事情还对陆氏家族有所影响。陆贽的后人、宋代的大文豪陆游即仿陆贽所为，撰有《陆氏续集验方》。陆游在《跋续集验方》中说："予家自唐丞相宣公在忠州时，著《陆氏集验方》，故家世喜方书。予宦游四方，所获亦以百计，择其尤可传者，号《陆氏续集验方》，刻之江西仓司民为心斋。淳熙庚子十一月望日，吴郡陆某谨书。"

范仲淹——立志"不为良相，则为良医"的名臣

　　北宋名臣范仲淹本着"先天下之忧而忧，后天下之乐而乐"的思想，十分重视医学教育。庆历三年（1043），他向仁宗皇帝上奏说："臣观《周礼》，有医师掌医之政令，岁考其医事，以制受禄。是先王以医事为大，著于典册。我祖宗朝置天下医学博士，亦其意也，即未曾教授生徒。今京师生人百万，医者千数，率多道听，不经师授，其误伤人命者，日日有之。"据此，他向仁宗皇帝谏言："特降敕命，委宣徽院选能讲说医书三五人为医师，于武成庙讲说《素问》《难经》等文字，召京城习医生徒听学，并教脉候及修合药饵。其针灸亦别立科教授，经三年后方可选试，高第者入翰林院，充学生祗应。"朝廷采纳了他的建议，从次年起，选派孙用和、赵从古等名医在武成庙为学生讲授《素问》《难经》等经典医著，因此培养了一批精通医学的人才。

　　范仲淹重视医学最著名的事例是他提出了"不为良相，则为良医"的主张，这个主张深深影响了当时人及后来人。范仲淹倡言"不为良相，则为良医"之事，见于宋人吴曾《能改斋漫录》卷十三："范文正公微时，尝诣灵祠求祷。曰：他时得为相乎？不许。复祷之曰：不然，愿为良医。亦不许。既而叹曰：夫不能利泽生民，非大丈夫平生之志。他日，有人谓之曰：大丈夫之志于相，理则当然。良医之技，君何愿焉？无乃失于卑邪？公曰：嗟乎，岂为是哉！古人有云：常善救人，故无弃人；常善救

物，故无弃物。且大丈夫之于学也，固欲与神圣之君得行其道，思天下匹夫匹妇有不被其泽者，若己推而内之沟中。能及小大生民者，固惟相为然。既不可得矣，夫能行救人利物之心者，莫如良医。果能为良医也，上以疗君亲之疾，下以救贫民之厄，中以保身长全。在下能及大小生民者，舍夫良医，则未之有也。"

医生在古代社会地位卑下。范仲淹倡言"不为良相，则为良医"之前，医生被认为是一种贱业，韩愈即在他的名文《师说》中说道："巫、医、乐师、百工之人，君子不耻。"有宋一代，在"不为良相，则为良医"的激励下，士大夫以知医、行医、撰辑医书为时尚。如有进士身份的朱肱、许叔微，皆为一代名医；沈括、苏轼，皆通晓医学。宋代以后，引用范仲淹此说者比比皆是。如元人左元丰在《风科集验名方·序》中即说："先正有言，达则愿为良相，不达愿为良医。医固非良相比也，然任大责重，其有关于人之休戚则一也。"清人林则徐在《金匮要略浅注·序》中也说："昔范文正公有言，不为良相，则为良医。先生在官在乡，用其术活人，岁以千百计，况著书以阐前人之旨，为业医者之铱揽，其功岂浅解哉。"甚至在偏僻的徽州婺源县（今属江西省上饶市），一位清朝县令为名医所题的匾额亦曰"功同良相"。

王惟一——首创研究与教学兼备之针灸铜人的御医

宋朝的医学教育分三科：方脉科、针科、疡科。学生需要学三年以上，经过考试及格，才能在朝廷当医官。

最初讲针灸理论的教具是《明堂图》，一般画有正反两面两个人体，人体上标了许多表示针灸穴位的圈圈点点。后来王惟一发明的针灸铜人是一项划时代的创新。"针灸铜人"，简称"铜人"，指刻有穴名的人体铜像，是形象直观的针灸穴位模型。自从北宋王惟一创造性地用青铜铸造了两具针灸铜人以后，针灸铜人在中国古代针灸教育和临床取穴中发挥了重要作用。

王惟一曾是宋仁宗时（1023—1063）的翰林医官、朝散大夫、尚药奉御，天圣初年（1023）奉敕主持编撰《铜人腧穴针灸图经》一书，于1026年完成该书。后又于1027年设计并主持铸造铜人针灸孔穴模型两具，与书配合。王惟一不但编撰《铜人腧穴针灸图经》将腧穴理论进行考证并规范，还在书中绘制了十二经穴图十二幅及经脉三人图各一幅，以便更直观地观察人体周身的腧穴分布及经脉归属等。宋代周密撰《齐东野语》记载："以精铜为之，脏腑无一不具，其外俞穴则错金书穴名于旁，背面二器相合，则浑然全身。"可见，当时所铸的铜人是十分精致的。铜人铸成后，一具置于太医院，一具置于大相国寺仁济殿。

王氏铸针灸铜人与《铜人腧穴针灸图经》互相参照，其目的主要是

65

为了弄清腧穴的位置。因为除了用文字表述和图画来表达腧穴的位置外，铸造铜人并在上面标明腧穴位置，非常有助于准确判断腧穴的定位，这对于提高针灸医者的技艺大有裨益。不但如此，所铸铜人还是当时医生考试的一个重要而有效的工具。应该说，王氏开创了医学模型的先河，为腧穴理论的规范、针灸疗法的传播和发展所做出的贡献是不言而喻的。在宋代的针灸教育中，针灸铜人既是老师讲授"人体腧穴"课的直观教具，又是学生考试"腧穴定位"的标准答案。

针灸铜人是中国古代中医辉煌历史的见证，其年轻英俊的面庞和那神秘可爱的笑容令人过目难忘，堪称我国铜制工艺品之最。天圣铜人和宋刻石碑至15世纪已破损不堪，所以明朝政府于正统8年（1113）重新仿制。可惜，宋代的"天圣铜人"已不复存在，就连明代"正统铜人"也流落海外，其原物于1900年八国联军侵占北京时被沙皇俄国从太医院掠走，现藏于俄罗斯圣彼得堡冬宫。值得安慰的是，1965年、1973年、1983年，北京市在拆除明代北京城墙的考古工作中，陆续发现宋天圣《新铸铜人腧穴图经》残石六方，为针灸学术界所瞩目，亦为"宋天圣针灸铜人"的再现提供了依据。1985年经过专家们对宋代天圣针灸铜人的挖掘和精心考证，历时三年艰苦努力，整理设计，论证修改，塑形定穴，铸造调试，终于在1987年重新铸造成功。2006年，针灸铜人被列为国家级非物质文化遗产。

苏东坡——关注养生与医药的文学家

　　苏东坡擅长养生术。养生家认为，静养最重要在于养心，心是人的主宰，也是精气神的主宰。炼精、炼气、炼神，都须先从炼心开始。"心静则神清，心定则神凝，心虚则神守，心灭则神存。"苏东坡推崇以"安""和"二字养心，"安则物之感我者轻，和则我之应物者顺。外轻内顺，而生理备矣"。

　　苏东坡以"静"修身养性。外而清静自然，与外物和谐相处，"江山风月，本无常主，闲者便是主人"；内则精神内守，不系于外物，"夫人之动，以静为主。神以静舍，心以静充，志以静宁，虑以静明"（《江子静字叙》）。东坡崇尚"物之来也，吾无所增；物之去也，吾无所亏"，不为物所扰的"静"，与范仲淹的"不以物喜，不以己悲"有异曲同工之妙。

　　苏东坡对待爱好的态度也非常洒脱。他指出："君子可以寓意于物，而不可以留意于物。寓意于物，虽微物足以为乐，虽尤物不足以为病。留意于物，虽微物足以为病，虽尤物不足以为乐。""物因人贵，人因物雅"，人需要有正确的收藏观念与学术涵养，而不能随波逐流、附庸风雅。观人之收藏，可知人之品质。苏东坡将各种际遇和心情寄于山水，逸于笔端，博览群书，偕趣美食，兼修佛道，做到有嬉戏而无恚怒，有感慨而无哀伤，心胸开阔，"超然境遇之中，飘然埃壒之外"。游览、赋词，不是简单的赏景游玩和舞文弄墨，它能排遣情思，调适身心，有怡情养性的功能。

形体养生方面，苏东坡提倡长啸和静坐。长啸能调气、生气、运气、舒气、养气，对鼻喉胸腹起按摩和刺激作用。王维称"独坐幽篁里，弹琴复长啸"，岳飞说"抬望眼，仰天长啸，壮怀激烈"。而苏东坡指出："划然长啸，草木震动，山鸣谷应，风起水涌"。长啸可舒畅心情，排除杂念，达到物我两忘的境界。苏东坡记述自己修习静坐法的体会说："其法至简易，唯在长久不废，即有深功，且实行二十日，精神自已不同，觉脐下实热，腰脚轻快，面目有光。"静坐则安心一处而不昏沉，了了分明而无杂念。此外，苏东坡喜按足底"涌泉穴"，盘坐于床，凝神静心，双目紧闭，搓左右足心各二百次，以此来强身健体。他说："其效不甚觉，但积累至百余日，功用不可量……信而行之，必有大益。"

食物养生方面，苏东坡谓"脾胃完固，百疾不生"，提倡"已饥方食，未饱先止"，"稍饱则止，不必尽器"，"朝哺食粥饭汤饼之属，皆当令腹中有余地"，食后宜"散步逍遥，务令腹空"。苏东坡常收集在民间流传的延年益寿法，如食白术、茯苓、姜、槟榔、芡等，指出食姜可以"健脾温肾，活血益气"。他谪居岭南时提倡食用槟榔以预防瘴疠，"瘴风作坚顽，导利时有补"等。对于饮酒，苏东坡尝谓"未尝一日不把盏"，"天下之好饮，亦无在予上者"；但能饮而不过量，"予饮酒终日，不过五合，天下之不能饮，无在予下者"，"善饮者，淡然与平时无少异也"。

他一生仕途坎坷，却处事达观，淡泊名利，寄情山水，写出了许多脍炙人口的好诗。面对人生的逆境，人的心态最为关键，他有"人有悲欢离合，月有阴晴圆缺"的明悟，其心路历程从"拣尽寒枝不肯栖"，到"也无风雨也无晴"，再到"此心安处是吾乡"，一路豁达开朗。《庄子·秋水》曰："鲦鱼出游从容，是鱼之乐也。"古往今来，长寿之人大都性格开朗，从容处世。苏东坡仕途坎坷，但他说："谁道人生无再少，门前流水尚能西。"越是逆境，越能显出从容心境的价值。在他们看来，所谓顺逆，不过是种心情。

"浮云世事改，孤月此心明。"苏东坡的精神境界和生活习惯，都促成了他在长期残酷的政治斗争和谪寓生活中保有健康和快乐，以及旺盛的文学创作。

苏东坡还有一部医学著作《苏沈良方》。这本书是后人将沈括和苏轼收集的医药学资料合编而成，具有一定的实用价值，一直流传到今天，供人们查阅使用。

疫病是古代杀人最多的疾病，具有流行性、传染性等特征。苏东坡有济世之心，自然十分关注疫病。他曾记载了一道"名方"圣散子方来防治疫病，是他得自巢元修的祖传秘方。苏东坡说凭此方"连岁大疫，所全活至不可数"，而且此方有预防疫病的效果，当"时疫流行，平旦辄煮一釜，不问老少良贱，各饮一大盏，则时气不入其门"，甚至平时服用也可以强身健体，"平居无病，能空腹一服，则饮食快美，百疾不生，真济世卫家之宝也。"此方经过苏东坡的大力推荐而闻名于世，流传极广。

不过后来，圣散子方在使用中出现了较为严重的问题。叶石林《避暑录话》卷上记载："宣和后，此药盛行于京师，太学诸生，信之尤笃，杀人无数。"所指之事可能是靖康二年（1126）、建炎元年（1127）之间的大疫之中，人们使用圣散子方，而造成了民众的大量死亡。

陈无择《三因极一病证方论·卷之六·料简诸疫证治》也说称："辛未年，永嘉瘟疫，被害者不可胜数，往往顷时。"所指当为绍兴二十一年（1151）发生的事情。陈无择分析了造成上述灾难的原因。他认为，圣散子方性温热，应该是用来治疗寒疫的处方，而不能应用于温热性的疾病之中，而且圣散子方适用于四川这样湿性较重的地域，而不适合其他地区。他指出："寒疫流行，其药偶中，抑未知方土有所偏宜，未可考也。……夫寒疫，亦能自发狂。盖阴能发躁，阳能发厥，物极则反，理之常然，不可不知。今录以备疗寒疫，用者宜究之，不可不究其寒温二疫也。"

但是人们并没有就此醒悟，反而继续使用圣散子方，造成了更大的伤亡。据俞弁《续医说》载，到了明代弘治癸丑年（1493），"吴中疫疠大作，吴邑令孙磐令医人修合圣散子，遍施街衢，并以其方刊行，病者服之，十无一生。率皆狂躁昏瞀而卒。"俞弁与陈无择观点相近，也认为此药应对的是湿气较重的环境，"圣散子方中，有附子、良姜、吴茱萸、豆蔻、麻黄、藿香等剂，皆性燥热，反助火邪……若不辨阴阳二证，一概施治，杀人利于刀剑"。所以，必须考虑环境、病性等因素，辨证施用此方，否则就会造成危害。

由这件事情我们知道，在治疗疫病时并不存在什么神方妙药、一药通治的情况，是需要辨证论治的。任何一首方剂的疗效都不能迷信，我们必须细致分析证候和方药组成，将辨病与辨证相结合，合理遣方用药，并且考虑天时、地理，以及患者的体质情况，斟酌药味之加减、药量之多少。而后人不辨证候，妄用此方，不能责怪苏东坡啊。

但苏东坡的去世，也恰恰与他略通医学，但不甚精通有关。

建中靖国元年（1101），66岁的苏东坡路过毗陵（今江苏常州），时值酷暑，苏东坡觉得船中热不堪受，为了凉爽，"夜辄露坐，复冷饮过度，中夜暴下，至旦疲甚，食黄芪粥稍适"。然而第二天，苏东坡感觉自己身体好了一些，又急急忙忙应人邀请奔赴酒宴，回来之后即"瘴毒大作，暴下不止，自是胸膈作胀，却饮食，夜不能寐。……十五日热毒转甚，诸药尽却，以参苓瀹汤而气寝止，遂不安枕席"。他出现了严重的夜热，而且牙齿间出血如蚯蚓状，十几天之后就去世了。后来，陆以湉在《冷庐医话》中分析指出，因为唐宋时期滥用温补药物之风盛行，社会上下都以用补药、服补药为荣，所以苏东坡在湿热病证中误用了人参、黄芪这类的温补药物，导致最后的悲剧发生。其实反思一下，这种滥补成风的习气在今天仍然很常见，各种营养滋补品的广告铺天盖地，使用保健补益品在社会上流行，有很多人不需要补而"补"，反而"补"出了病，的确值得我们深思。

苏东坡与圣散子方和温补药物的故事，反复提醒我们，学医之途十分艰难，不可迷信权威，不可浅尝辄止，全面考虑天时、地理、体质等诸方面因素，坚持辨证论治，在实践中不断积累经验，才能成为合格的医生。

钱乙——儿科经方传千古的"儿科鼻祖"

钱乙，字仲阳，宋代郓州（今山东东平）人，我国古代著名的儿科学家，因其在儿科方面的卓越贡献，被中医学界尊为"儿科鼻祖"。钱乙祖籍浙江钱塘，为吴越王钱俶的支属。钱俶乃五代末期最后一个吴越国王，宋平江南时，他举兵策应，太平兴国三年（978）以两浙十三州之地（今浙江及福建北部）降宋称臣，后纳土北迁，封淮海国王。"赐礼贤宅，居京师"，"遇待冠绝当时"，其弟子臣僚"皆分职州郡"。钱乙曾祖父钱赟亦随之北迁，遂在郓州落户入籍。钱乙约生于宋景祐二年（1035），卒于政和七年（1117），也有观点认为是明道元年（1032）至政和三年（1113），享年82岁。

钱乙父亲钱颢善医术，尤其是针术，然嗜酒喜游，一日早晨，为了去东海一带游览，竟不辞而别，一去不返。当时钱乙刚三岁，之前母又病故，便成了孤儿。姑父吕氏可怜其孤苦，将其收养为子。姑父精医，待钱乙稍大时，便让他读书习医。后来吕氏病重，将家世告知钱乙，钱乙听后嚎啕大哭，请求外出寻父。他春去秋来，冒雨踏雪，乞食街头，历时数年时间，"凡五六返"，终于打听到了父亲的下落。又过了几年，乃迎父以归，这时，钱乙已经三十多岁。又过了七年，其父寿终。不仅如此，钱乙对收养他的吕氏也非常孝敬，"其事吕君，犹事父"。吕氏去世后，钱乙为之收行葬服，并帮助嫁其孤女，每年祭祀，与亲子无异，家乡父老为此赞叹不已。钱乙良好的人品道德是他成为一代名医的重要因素之一。

钱乙跟随姑父和父亲学医，先涉针灸，后专业儿科。钱乙早年失父丧母，"本有羸疾"，由于童年时代的痛苦遭遇，使他对儿童疾病尤为关切，立志以广慈孩提为己任，所以对社会上当时流传的一部儿科专书《颅囟经》（系唐末宋初医家托名前人巫方氏所作）尤为喜欢。在随姑父学医时，他感觉小儿疾病发病率高，诊治尤为困难。钱乙在做儿科医生过程中，深有体会地讲过："脉难以消息求，证不可以言语取，襁褓之婴、孩提之童，尤为甚焉。""投剂小差，悖谬难理，而医者恬不为虑。"（《小儿斑疹备急方论·钱乙后序》）为使小儿少遭夭折，钱乙一直费心钻研，极为用功。医者均知，治疗小儿疾病是很困难的。古称儿科为哑科，有"宁医十男子，不医一妇人；宁医十妇人，不医一小儿"之说。钱乙的弟子阎季忠在《小儿药证直诀·序》中有"医小儿有五难"之叹：其一，自六岁以下，《黄帝内经》不载其说，无经可据（医生无所遵从）；其二，小儿脉象难凭，诊察时又多惊啼哭闹，影响气息脉象而难于审定；其三，小儿骨气未成，形气未正，悲啼喜哭，变态无常，靠望诊了解病情也有困难；其四，小儿尚不能言，言也未足取信，凭问诊了解病情更难；其五，小儿脏腑柔弱，易虚易实，易寒易热，用药稍微不当，易使病情变化，引起严重的后果。由于这些原因，许多医家不愿涉足儿科，大多望而却步。但钱乙并没有被困难所吓倒，他知难而进，旁征博览，汇通古今，不拘于法，细致地进行临床体会，在治疗小儿疾病方面积累了丰富的经验，终成一代儿科宗师。

宋神宗元丰年间（1078—1084），钱乙赴汴梁（今河南开封）行医，一时誉满京城。一次，宋神宗妹妹（长公主）之女发烧、腹泻，召钱乙就诊。他摸了摸患儿的脉搏和额部，看了看耳后和舌头，对驸马太尉说："孩子可能要出麻疹，疹子出齐后就会好的。"可是驸马认为他看得不对，将钱乙责备了一顿，钱乙一言未发便退了出去。第二天，孩子果然出了麻疹。驸马又高兴又觉得难堪，亲自写信向钱乙赔礼道谢，还请示皇帝召他进"翰林医官院",授予其从九品的医学官职。

第二年,皇子仪国公得了瘛疭(抽风)病,御医们都看过了,总是治不好,宋神宗十分紧张。这时,长公主向宋神宗建议:"郓州儿科医生钱乙,虽然出身贫贱,但有起死回生的本领,是否让他给看一看?"神宗马上召钱乙进宫。这时,皇宫的御医们都用鄙视的眼光看着钱乙,希望他诊治失误,好趁此机会打击他一下。钱乙镇定自若,因为像这样的病,他已治过许多,心中自然有数。他仔细检查了患儿,发现患者有下血之症,且为先便后血,属中医所谓"远血",便拿起笔来,开了一剂具有温阳健脾、养血止血功效的"黄土汤",仪国公服用后,抽风渐渐停息下来。神宗非常高兴,给钱乙赐坐,问道:"黄土汤为什么能治抽风呢?"钱乙回答说:"抽风是肝木失养引起的,黄土汤能健脾,脾属土,土能胜肾水,肾水能滋养肝木,今肾水得平,肝木得养,水平风息,抽风自然就停息了。而且诸医所治垂愈,小臣适当其愈。"神宗听了非常满意,提升他为太医丞,赐紫衣金鱼(宋代金鱼袋为皇帝赐予近臣的信物),官至四品,并留住京师。钱氏这种不自居功高且归功于人的谦虚态度甚为可贵,自此声名更著,受到众医及病人的爱戴和信任。

在给皇子治好病后,皇戚贵族互相传说,纷纷请他给孩子看病。一次,广亲宗的儿子有病,请钱乙诊治,钱乙诊脉后说,这孩子没有什么大病,只要注意饮食,不用吃药就能好。广亲宗全家都很高兴。这时,广亲宗的幼子站在一旁,钱乙看了一看,吃惊地说:"这孩子气色不好,恐怕很快将得暴病,不过只要及时服药,也没有什么危险。"但广亲宗全家不以为然,钱乙走后三天,孩子仍安然无恙,广亲宗夫人说"孩子好好的,有什么病,当医生的贪财图利,竟到了这种地步。"但第二天,那孩子就得了癫痫病,一头栽倒在地,口吐白沫,眼球上翻,手足抽动不已,病情十分危险。广亲宗不得不亲自去把钱乙请来,治疗了三天,才转危为安。

有个王公的孩子呕吐腹泻,其他的医生都认为是寒湿内盛,采用了温热刚燥之剂治疗，结果不但吐泻不愈，反而增加了气喘病。钱乙详细检查后，对王公说"此是内热伤脾，当用石膏汤治疗，切不能再用刚燥之品，不然的话，将会导致大小便不通，那是很危险的。"可是王公不信钱乙的话，仍然坚持多数医生的意见，继续服用温热药。到了第三天晚上，患儿果然病情加重，二便不行，随即命家人找出钱乙的处方，服了三剂石膏汤，竟如言而效。

钱乙在京供职十年后，因患"周痹"病，乃辞职返乡。其自京师返乡后，自制一首以中药"茯苓"为主的药剂，日夜饮之，用以"宽心腹之苦"，使"周痹"缓解，转为手足拘挛，肢体不遂。钱乙因医技高超，闻名遐迩，虽病卧榻上，求治者仍然络绎不绝，钱乙均热心为之诊治，并投之药品。钱乙的弟子阎季忠对老师做了高度评价，云："其治小儿，概括古今，又多自得，著名于世。其法简易精审，如指诸掌也。"又说："余全家幼稚多病，率用钱氏方法，取效如神。"钱乙以其高超的医术出入于宫门，留迹于巷闾，专一从业中医儿科，治愈了数以万计的患儿，为我国儿科医学的发展做出了卓越的贡献。

钱乙在其四十余年的儿科医疗生涯中，继承了《颅囟经》的成就，也积累了丰富的经验。他把这些经验结合《内经》《伤寒杂病论》《神农本草经》等经典医著及诸家学说，写成一部儿科专书《小儿药证直诀》，这是我国现存最早，也是最有实用价值的儿科专著。但由于生前医务繁忙，随著随传，原书内容比较杂乱，后经其弟子阎季忠收集整理、核对编辑，削其重复，正其谬误，于宋宣和元年（1119）正式刊行问世。《小儿药证直诀》全书内容分为 3 卷，上卷论脉证治法，共 47 条，81 篇；中卷列医案，记录了 23 则案例；下卷载方药，详述小儿常用方剂 114 首。书后附有阎季忠《阎氏小儿方论》1 卷和山东东平董汲编撰的治疗天花病经验的《小儿斑疹备急方论》。该书理论与实践相结合，是世界上第一部以原本形式保存下来的古代儿科著作。此外，钱乙还著有《伤寒指微论》5 卷，《婴孺论》百篇等，可惜均已经亡佚不见。

《小儿药证直诀》问世后，一直受到历代医家的高度重视，被列为研究儿科必读之书。《四库全书总目提要》说："小儿经方，千古罕见，自乙始别为专门，而其书亦为幼科之鼻祖，后人得其绪论，往往有回生之功。"日本医家丹波元胤在其所著《中国医籍考》中说，"其意径且直，其说劲且锐，其方截而良，其用功而速，深达其要，广操其言。万世不可掩其妙，四方皆可遵其说"，对该书给予了极高的评价。作为一位伟大的中医儿科专家，钱乙虽然离开我们已八百多年，但他的名字和其儿科巨著《小儿药证直诀》将永远留驻在祖国医学的光辉史册上。

刘完素——以天地人一体观治疗热病的大家

　　金元时期是中医学术发展的一个高峰期，也是中医学术流派的形成期，《四库全书总目提要》称"医之门户分于金元"。而这一时期，以刘完素、张从正、李杲和朱震亨四位医家最为著名。他们各自创立了一个医学流派，成为医学"掌门人"，取得了巨大的医学成就，被后世合称为"金元四大家"，其地位可比于华山论剑的四大绝顶高手。

　　刘完素是金元四大医家之首，字守真，河间人，约生于宋大观四年（1110），卒于金章宗承安期间（1196—1200），世人尊称他为刘河间或河间先生。有一次，金章宗完颜璟的女儿得了重病，太医院的众太医们束手无策，于是只好传下圣旨，让各地官员举荐名医进京。刘完素因此被招进宫中，仅用了三剂药就治好了公主的病。皇帝想要封刘完素为太医，但刘完素认为自己是汉人，不愿意做金人的官。因为刘完素高尚的民族气节，金章宗意外地没有降罪于他，反而赐给他封号"高尚先生"，允许他回乡继续给民众诊疗疾病。

　　刘完素处于动乱的北宋末年，成长在宋金战争中。那是一个兵荒马乱的年代，而刘完素家境贫寒，母亲又得了重病，因为家贫，求医生三次也没来，最终母亲凄惨死去。刘完素没有被生活的苦难打倒，而是选择了自强。他在悲愤之中立志学习医术，从25岁时开始认真研究《内经》，边行医，边钻研，夜以继日，废寝忘食。

　　动荡的社会、战争的年代，人们的身心同时受到极大的损害，抵抗力下降，疾病与瘟疫在此时频繁发生。

兵灾造成了人和动物的死亡，导致了水源、食物的污染，由此引发了疫病流行。朝不保夕、颠沛流离、衣食无着的生活窘境，造成了巨大的生理和心理压力，各种内外伤如刀剑伤、中毒、食用不洁食物等，降低了人体的免疫力，增加了染病的风险。而战争造成了人口的急剧流动，政府也忙于对付战争，根本没有能力再去考虑卫生管理，医疗人力和药品资源十分紧缺，使得疫病处于完全失控的状态，如燎原之火，疯狂肆虐。

金元时期，上面的所有的情况同时发生着，战乱似永无止境，瘟疫几度大流行，哀鸿遍野，民不聊生。而医生们没有放弃。以金元四大医家为代表的医生们根据各自的临床经验与体会，从不同角度对瘟疫进行了深入细致的研究，有了自己独有的理法认识，对后世均产生了一定影响。其中刘完素考虑天时、地理，提出了"六气皆从火化"的"火热论"观点，倡导以寒凉治法来治疗外感热病。

人生活在自然界中，肯定会受到自然界的影响，所以前人在生活实践中提出了"天人相应"的观点，刘完素进一步以天地人一体观来创立学术理论，指导自己的临床实践。

刘完素认为，医学家们需要辨别患者身体的阴阳虚实情况，而要了解这一点，就必须了解天地运行的情况，"天地气运，升降不以，阴阳相感，化生万物矣。其在天则气结成象，以为日月星辰也，在地则气化为形，以生人为万物也"。人是万物之灵，人体的奥秘玄机完全符合"天地运气造化自然之理"，也就是天理。因此，"天地有运气之升沉，人身有气血之流转，周天度数，荣卫循环，通应人身，昼夜不息"。人体的生理和病理情况都是与天地自然相应的。

刘完素特别重视一年四季的变化带来的人体生理和疾病变化。一年之内的天气情况随季节的变化而传递有次，天地间的六气（风、寒、暑、湿、燥、火）掌管了一年的二十四节气，一气主四个节气，固定不变。

自然气候的变化与人体疾病的形成密切相关。刘完素指出："一身之气皆随四时五运六气兴衰而无相反矣"，"凡受诸病者，皆归于五运六气胜复盛衰之道矣"。医生在诊断和治疗疾病的时候，必须考虑到季节、气候的变化情况。

同时，自然界有一种强大的内在力量，就是内在的平衡。《素问·六微旨大论》曰："亢则害，承乃制，制则生化，外列盛衰，害则败乱，生化大病。"刘完素也采用了这一"亢害承制论"。他指出，自然气候各因素之间会有相互促进作用，也有相互制约作用，通过促进和制约，维持整个自然界的平衡。人生于天地之间，受天地自然的影响，人体的生理现象也必然存在这样的促进和制约机制，而疾病的发生和发展就是失去了有效的制约，所以医生应该从"天人相应"的角度，以天地人一体观去认识人体的疾病。

在刘完素生活的时代，宋代的官修成方手册《太平惠民和剂局方》（以下简称《局方》）影响非常大，医生都以其为规范，对症检方，照方抓药，而忽略了中医最基本的辨证论治。刘完素坚持辨证论治。他在行医过程中发现，当时北方的气候特点、地理环境容易导致一些火热疾病的发生。同时北方人的体质壮实，饮食方面以烤肉、干面类为主，都比较容易上火。考虑到这样的自然条件、地理环境和人体状况，从天地人一体观出发，刘完素认为《局方》的药物不一定适合这样的情况，需要采用较多的寒凉药物才好，而应尽量减少使用《局方》推荐的温燥类药物。

我们今天知道，宋代之后，医学教育得到了普及，临床方剂得到了很好的积累，这些为医学的创新提供了学术储备；而宋代理学等的发展，也为医学理论创新提供了智力支持。刘完素正是借助这样的学习条件，结合他在临床上的实际所见，充分运用从《黄帝内经》等学习到的五运六气理论，辨证治病，考虑天时、地理和患者体质等因素，取得了重大的理论成就和良好的治疗效果。

刘完素的学术观点得到了较多医家的认可，产生了较大的社会影响，并形成了一个学术流派——寒凉派，为后世温病学说的形成奠定了理论基础，刘完素本人也被尊为金元四大家之首。他还创制了双解散、防风通圣散、六一散、地黄饮子等一系列的方剂，为后世留下了宝贵财富。

张从正——治疗情志病的高手

　　人的情绪变化容易诱发疾病，而良好的情绪又有利于疾病的康复，这就是我们通常所说的"心病还需心药医"。中医认为，人生病的基本原因有外感和内伤两大类。内伤主要是七情的急剧变化引起的，这七情分别是喜、怒、忧、思、悲、恐、惊。而金元四大家之一的张从正特别重视七情在发病中的作用，还擅长使用情志疗法治疗疾病。

　　张从正最擅长的是情志相胜法，也称以情胜情法。如他运用以喜胜悲法，治愈了一例因悲伤过度而心下结块的病人："息城司侯，闻父死于贼，乃大悲哭之。罢，便觉心痛，日增不已，月余成块，状若覆杯，大痛不住，药皆无功……戴人至，适巫者在其旁，乃学巫者，杂以狂言以谑病者，至是大笑不忍，回面向壁，一二日，心下结块皆散。"张从正发现患者是因大悲而致发病。《内经》有"忧则气结，喜则百脉舒和"及"喜胜悲"的观点。依照中医理论，喜为心之志，悲为肺之志，心属火，肺属金，火能克金，所以喜可以胜悲。张从正以《内经》理论为指导，以喜胜悲，使悲消则气散而痛止病愈。

　　张从正还擅长用行为疗法来治疗心理疾病。如《儒门事亲》记载，"卫德新之妻，旅中宿于楼上，夜值盗劫人烧舍，惊坠床下，自后每闻有响，则惊倒不知人。家人辈蹑足而行，莫敢冒触有声，岁余不瘥。诸医作心病治之，人参、珍珠及定志丸皆无效。戴人见而断之曰：……惊怕则胆伤矣。乃命二侍女执其两手，按高椅上，当面前，下置一小几。戴人曰：娘子视此。一木猛击之，其妇大惊。戴人曰：我以木击几，何以惊乎？伺少定击之，惊也缓。又斯须，连击三五次；又以杖击门；又暗遣人画背后之窗。徐徐惊定而笑曰：是何治法？"这种治法类似于现代的系统脱敏疗法。《内经》云：惊者平之。平者，常也。平常见之必无惊。"让患者习惯各种声音，就不会再被惊吓到了。之后，疗效非常好，"是夜使人击其门窗，自夕达曙……一二日虽闻雷亦不惊。"患者的心理疾患被治愈了。张从正将《内经》"惊者平之"的理论运用于实践之中，"使其习见习闻则不惊矣"。

张从正还擅长在针药治疗的同时，采用心理疗法配合，以增强治疗效果。如"余尝以针下之时便杂舞，忽笛鼓应之，以治人之忧而心痛者"，转移病人的注意力，情志疗法与针法并用，使得治疗的效果更加明显。

古希腊医学之父希波克拉底曾有一句名言："医生有三件法宝，第一是语言，第二是药物，第三是手术刀。"医学能做到的，是"有时去治愈，常常去帮助，总是去安慰"。张从正也正是这样，擅长用语言去改变患者的精神和生理状态，甚至治愈疾病。

李东垣——医学继承与创新的楷模

　　李东垣，名杲，字明之，宋金时真定（今河北正定）人，生于金大定二十年（1180），卒于淳祐十一年（1251），享年71岁。真定乃先秦之东垣国，秦时为东垣县，李东垣因为出生于该地，故晚号东垣老人。他是金元四大医家之一，是"补土派"的创始者，提出了著名的脾胃论，对后世影响深远。

　　宋濂在《元史·李杲传》中记载："李东垣，字明之，镇人也，世以赀雄乡里。杲幼岁好医药，时易人张元素以医名燕赵间，杲捐千金从之学，不数年，尽传其业。家既富厚，无事于技，操有余以自重，人不敢以医名之。士大夫或病其资性高謇，少所降屈，非危急之疾，不敢谒也。其学于伤寒、痈疽、眼目病为尤长。"

　　李东垣家资雄厚，自幼敏达，少年时先后拜舅父王若虚和冯叔献为师，学习《论语》《孟子》《春秋》等儒家经典著作。其后，又拜范仲淹之后、东平正一宫的范炼为师，至二十二岁，已成为知名儒生，以广交名士而闻名乡里，文学家元好问就是他的挚友之一。李东垣"忠信笃敬，慎交游，与人相接无戏言"，自尊自爱，虽有万贯家资，却很少外出交游，从不涉足声色游乐场所。一些富家子弟对他的高尚品格颇为嫉妒，曾设下圈套，请李东垣赴宴，席间指使轻浮女子挑逗他，李东垣为之大怒，痛斥他们并把被拉扯的外衣当场脱下烧掉，愤然离去。

　　李东垣早年并未有学医的打算，但是人生总有一些变故，让人无法预料。在李东垣刚刚20岁的时候，他的母亲罹患重病，家中举巨资邀数位当地名医前来诊治。但是这些所谓的名医并没有真才实学，他们连李东垣母亲的病情都判断不清楚，有的说是伤寒，有的说是热病，各自施治又不相同，最终治疗无效。直到母亲去世，也没弄清楚究竟是什么疾病。

李东垣非常孝顺，据《医学发明·序》所说："值母王氏遘疾。公待，色不满容，夜不解衣，遂厚礼求。"母亲的去世对李东垣的打击极大，痛悼不知医而失其亲，极为自责。古人说："不为良相，则为良医。""为人子者不可不知医。"从此李东垣立志学习医学："若遇良医，当力学以志吾过。"

李东垣听闻张元素先生在燕赵（今河北、山西）一带很有名望，便携重金前往易州，拜师学医。张元素因治好刘完素之伤寒病名声大振。李东垣儒学功底深厚，又忠信刻苦，不数年，不但尽得张元素先生所学，且其成就远在其师之上。

李东垣学成之后，仍以儒家自居，并未以医生为职业，偶有医疗活动，不过仅限于朋友病情危重之时，不得已而为之。

李东垣在泰和二年（1202）通过向政府捐献谷粟财物的方式，被任命为济源县（今河南省济源市）的监税官。在他就任监税官的同年四月，遇到了一次大的疫病。这种疫病俗称"大头天行"，是一种以头面红肿、咽喉不利为主症的传染病，造成了惨重的伤亡。当时的医生"遍阅方书，无与对证者，出己见，妄下之，不效。复下之，比比至死。医不以为过，病家不为非。"目睹此状，李东垣心中难过，寝食难安。他循流探源，考据经典，结合时疫，制定了著名的"普济消毒饮"，处方以"黄芩、黄连苦寒，泻心肺间热以为君"，活人无数。由于病者甚多，而症状相同，因此他将药方刻于木牌之上，置于交通要道，救人甚多。时人称之为仙方，刻于石碑，广为流传，传为千百年来的医林佳话。

后来蒙古军与金朝之间战争爆发，北方大乱，李东垣避难于汴梁，此时方专事于医。他功底深厚，因此疗效显著，很快就声名大振。而后，汴梁也难逃兵难。金哀宗天兴元年（1232），元兵南下，围困京都近半月，解围后，都内民众因劳倦、饮食不节、惊恐等致疫病流行，城内病者甚众，但很多医生却不加辨别，以中医原有治法治之，全无效果，使死者日以万计。李东垣目睹此惨状，感触极深。他看到当时的医生医术欠佳，又不读医书经典，临床治疗难以全面准确，技术无以升华，于是他著书立说，宣扬医理，以纠时弊。李东垣目睹了此场疫病的整个过程，指出此病为内伤胃气之后为药所害："此百万人岂俱感风寒外伤者耶？大抵人在围城中，饮食不节，及劳役所伤，不待言而知。由其朝饥暮饱，起居不时，寒温失所，动经三两月，胃气亏之久矣，一旦饱食太过，感而伤人，而又调治失宜，其死也无疑矣。"于是他从内伤脾胃立论，以其卓越疗效"通医之名雷动一时，其所济活者，不可遍举"。

这一年，李东垣又北渡黄河，到了山东聊城、东平一带，先后寄居于山东聊城的至觉寺和东平的严实家，以医为业，其临床效果为时人所称道。据《东垣试效方·砚坚序》所云："凡求治者，以脉证别之，以语言审之。以《内经》断之，对证设方，其应如响。间有不合者，略增损辄效。"直至12年后，李东垣方重返家乡，这时他已经64岁了。

晚年的李东垣，在临床之余将多年经验体会著书立说，对流寓期间写成的《内外伤辨惑论》进行整理，并写成《脾胃论》及《医学发明》《兰室秘藏》等，创立了以"内伤脾胃"学说为主体的理论体系。李东垣十分强调脾胃在人身的重要作用，因为在五行当中，脾胃属于中央土，因此李东垣的学术派别也被称作"补土派"。

李东垣脾胃论的核心是："脾胃内伤，百病由生。"这与《内经》中讲到的"有胃气则生，无胃气则死"的论点有异曲同工之妙。他认为脾胃内伤最为常见，造成脾胃内伤的主要原因有饮食不节、劳逸过度，以及精神刺激等。另外，脾胃属土居中，与其他四脏关系密切，不论哪脏受伤，都会伤及脾胃。同时，各脏器的疾病也都可以通过脾胃来调和解决。李东垣不主张使用温热峻补的药物，强调运用辨证论治的原则，虚者补之，实者泻之。李东垣还注重养生，曾写"远欲"和"省言箴"以自勉，提出"安于淡薄，少思寡欲，省语以养气，不妄作劳以养形，虚心以维神"。

李东垣还是医学教育家，在其弟子中，以王好古和罗天益最有名气。王好古最初学于张元素，后又以李东垣为师，在李东垣启发下创立了"阴证论"。李东垣对于学术传承非常重视，他在返乡之后一直着力寻找学术继承人，听朋友介绍，罗天益性行敦朴、有志于学，在见到罗天益后，首先就问："汝来学觅钱医乎？学传道医乎？"谦甫答曰："亦传道耳。"于是李东垣欣然收其为徒，并供给其饮食日用，对罗天益寄予厚望。

公元1251年农历2月25日，李东垣以72岁之龄病逝。临终前，李东垣把罗天益叫到身边，把一生所写的书稿整理分类放在桌上，郑重地说：我把这些书稿交给你，并不是为了李东垣，也不是为了罗天益，而是为后世天下之人，你一定要好好保存，推广传播。由此不难看出一个伟大医学家一生的追求和志向。罗天益不负重托，在脾胃内伤病分类及临床应用等方面，丰富和传承了李东垣的脾胃学说，并且在任太医期间，先整理出版了《兰室秘藏》，之后又以此为基础，将李东垣的部分文稿和临床案例等资料补入，整理为《东垣试效方》。

李东垣生活于南宋与金、元对峙的混战时期。战乱又导致和加重了饥荒与瘟疫，仅1213至1362年之间，就出现疫情达15次之多，给社会带来了巨大灾难。李东垣历经上述战乱，在被围困和逃难过程中，悬壶为医，仁心济世，得到了充分的临床实践，为其医学学术观点的提出打下了坚实的临床基础。他由仕途转而从医，就是因为在泰和二年（1202）年仅22岁时治疗大头天行颇有成效，坚定了业医之心，又遭逢1232年汴京大疫，为救百姓于危亡而专事从医。

中医学的重大发展，多是与疫病的刺激直接相关的。疫病的流行是刘完素提倡火热论和李东垣倡导脾胃论的根本原因。但是有了社会需求之后，不会必然产生学术理论和医疗实践上的飞跃，如何产生这种发展，更多仍要看医学家的努力。

《四库全书总目提要》说："医之门户分于金元。"刘完素倡导的河间学派和张元素创立的易水学派为我国医学史上承前启后影响最大的两大学派。李东垣为易水学派的中流砥柱，他学医于张元素但对后世的影响在张元素之上。同为金元四大家之一的朱丹溪虽为河间学派弟子，但其学说也受到了李东垣学说影响。明代以后，薛己、龚廷贤、龚居中、张介宾、李中梓、叶天士、张志聪等医家都曾研习和发展李东垣学说。李东垣学说是我国医学史上的一大里程碑，他也作为一名伟大的医学家而名垂史册。

朱震亨——善于思辨的杂病学家

  丹溪，为传说中仙人居住的地方，早在三国时曹丕便说过："适不死之国，国即丹溪，其人浮游列缺，翱翔倒景。"唐代花间诗人温庭筠亦作诗："丹溪药尽变仙骨，清洛月寒吹玉笙。"元代的丹溪河岸，有位孤高如鹤又心怀苍生的医者，他就是朱震亨。朱震亨，字彦修，号丹溪，元代末期著名医家，为中医历史上"金元四大家"之一，因居住在浙江义乌丹溪处，世人尊称其为"丹溪翁"。他早年曾拜名师致力于儒学，而立之年始钻研岐黄之术。但半道学医的朱震亨并没有被埋没，反而因杰出的成就显示出他的天赋和勤学。

  朱丹溪家境贫寒，早年丧父，自幼与母亲相依为命，小时候经常上山采药以补贴家用，所以从小就对医药有浓厚的兴趣。30岁时，抚养他长大的母亲病痛缠身，当时朱丹溪请来了很多大夫，但因为每位大夫的观点各不相同，治疗也都没有效果，从此他下决心学医来救治母亲。36岁那年，他听说朱熹的四传弟子、大学问家许谦在东阳八华山讲学，就跋山涉水叩首求教，攻读理学。当时许谦身患瘫症，已卧床十余年了。母病未愈，老师又瘫痪在床，促使朱丹溪一边研修理学，一边钻研医学，那时他已经40岁了。

  当时在江南一带，医师治病习惯照搬宋政府颁布的《太平惠民和剂局方》，依病开方，而忽视了基础理论和辨证论治。朱丹溪在研习局方后认为，古方治新病，这不符合医学的本质，于是在给许谦治病时不断探索，居然治好了老师的疾病，许谦不久便能下床，日渐行走自如。许谦十分赞赏他的勤学精神，对他说：你不要守在我身边了，应该去寻求高师，专攻医学，造福大家，他日你一定会有大成就。在许谦的指点与鼓励下，朱丹溪决心致力医学。他下了东阳八华山，渡过钱塘江，穿过宛峻，经过姑苏（今苏州）到建业（今南京），一路上遍寻良师，遗憾的是始终未能找寻到一个自己认可的老师。

返乡途中，他偶然在武林（今杭州）获悉，医学大家罗知悌就隐居在附近山林之中。他对老先生孤僻的性格一无所知，就贸然登门拜访，结果自然是饱饱地享受了一顿"闭门羹"。但朱丹溪求师心诚，第二天一大早就到罗氏家门口毕恭毕敬地等候接见，天黑才返回。起初罗家人也劝朱丹溪不要白费功夫，想找罗知悌拜师的人何其多，他又怎么会教一个素不相识的同行。可朱丹溪一心一意要拜见罗先生。对这一现象习以为常的罗家人起先以为朱丹溪和其他前来拜师的人一样，受几天冷遇便会离开，所以并不理会。而朱丹溪却"日拱立于其门，大风雨不易"，不论刮风下雨，天天站在罗知悌家门口等待与先生见面。"叱骂者五七次，趦趄三月"，就是说他一次次被骂，前后三个月。那时候的朱丹溪已经42岁了，他的诚心终于感动了罗知悌。他本来就听说朱丹溪医术不凡、德才修养俱佳，也感到再不收徒自己的医术将无传人，朱丹溪的品学正符合自己招徒的要求，到门外把朱丹溪迎进了屋子，并诚恳地说：很早就听说义乌有个朱丹溪医术高超，我愿意和你一起将医学发扬光大。在罗知悌人生的最后三年，他将毕生所学倾囊相授。集刘完素、张子和、李东垣三大家学术于一身的罗知悌晚年收徒，总感到自己在世上的日子不多了，所以不能按常规，按部就班地教朱丹溪，于是他对朱丹溪的培养在汲取当时金元医家成功之处的基础上，开辟了理论学习以经典著作和各家学说并重，着重在临床实践中提高医学水平的新途径。

据《丹溪翁传》记载，由于朱丹溪医学基础好，罗知悌"即授以刘、李、张诸书，为之敷畅三家之旨，而一断于经"、"每日有求医者来，必令其（丹溪）诊视脉状回禀，罗但卧听口授。"可见，罗知悌既放手锻炼朱丹溪的临床技能，又不厌其烦为他详细解说。而丹溪白天随师临症，每夜苦读经典和各家，医术日日精进。

朱丹溪后来传道授业，也基本上秉承罗知悌的带徒模式，选择心诚志笃与德才兼备的人，在临床中传授医术。他见戴元礼（浦江人）才思敏捷又好学，收其为徒后教授医术十分尽心，之后又收赵良本、赵良仁兄弟及王履、徐用诚等二十多人为徒。戴元礼师从朱丹溪二十多年，不仅很好地掌握了丹溪的学术，而且有所发挥。之后，戴元礼收汪机、虞抟、王纶及儿子玉汝等为徒，使我国金元时期四大医学流派之一的丹溪学派的养阴学说不断发扬光大，并早在十四世纪就流传到日本。日本医家还相继到我国专门研究学习朱丹溪的学说与医术，并成立了"丹溪学社"。

朱丹溪不仅临床水平高超，而且善于总结，撰有《局方发挥》《格致余论》《伤寒论辨》《金匮钩玄》《丹溪心法》等十多部至今对中医临床仍有重大指导作用的著作。在我国医学史上，丹溪养阴学派名家之多与影响之大，只有张仲景及后世的伤寒学派可与之相比。

从朱丹溪回到家乡行医的那一天开始，一直到七十八岁生命结束，他一直都是在这样的行医生涯中度过的，没有一天停止。文献记载，病人前来求医，朱丹溪"无不即往，虽雨雪载途，亦不为止"。

《格致余论》中就记载了这样一组有趣的病案："东阳张进士有次子二岁，满头有疮，一日疮忽自平，遂患痰喘。"就是说有个两岁的患儿，满头长的都是疮疡，一天疮忽然都好了，随即出现了咳痰喘促的症状，此时患儿精神倦怠。平常医者看到疮发的症状，或许都会想到邪从表出，病情应当转轻。朱丹溪仔细诊查了患儿，却说这是胎毒，不能用解表与通利的药。大家都很吃惊。紧接着，朱丹溪又问患儿的母亲怀孕时喜欢吃些什么，答说最爱吃辛辣热物。这时朱丹溪便开出一个方子：用人参、连翘、生甘草、川芎、黄连、陈皮、木通、芍药浓煎沸汤，再加入竹沥调服。几天后，小孩子的病果然好了，家人问为什么这样治，朱丹溪说，我看小儿精神倦怠颓顿，这不是表证应该出现的神色，是因为病邪受得深而没有外感，因此用清心养血扶正的方法使胎毒自除。"须知一病当前，纵然变态千般，必有所以致病之情。既得其情，病斯起矣。"正是朱丹溪对于辨证论治的体会。

纵观朱丹溪的理论成就，提出了"阳有余阴不足论"与"相火论"，大力倡导滋阴降火法。他对于治疗情志内伤、痰瘀郁证都有独到的见解，对中国古代精神病学的发展更是有着多方面的贡献。他认为精神疾病的发生是由于血气两亏，神衰，痰客中焦所致。后世医家论述精神疾病也多从痰立论，逐渐形成了中医对精神病病因病机的传统看法。

在临床实践中，朱丹溪更是应用心理疗法来治病救人。他曾治一人因忧患病，咳吐血，面色黧黑，药之十日不效，谓其兄曰：此病得之失志而伤肾，必用喜药乃可愈。就是说得这个病使人失去了生活的乐趣，无限悲忧，必须要用让她快乐的事情来治疗她。随即给病人创造了丰衣足食的环境，病人一直很高兴，过了一段时间，面色黧黑有了明显改善，随后病也痊愈了。此案中，朱丹溪采用情志相胜的办法，以喜胜忧。又治一女子因思病不食，面北且卧半载，因事大怒而病反愈。《丹溪翁传》曰："前者为喜胜悲，后者为怒治思，则诸郁可解也。"

公元 1358 年夏天，朱丹溪出诊远行，回来后感到身体疲倦，睡了三天后，他让人把他扶到椅子上，把自己的儿子叫到身边，告诉他："医学亦难矣，汝谨治之。"他的最后遗言是嘱咐他的儿子朱汜要慎重地对待他人的性命，不要盗名欺世，误人性命，说完之后，便端坐而逝了。

朱丹溪的一生，有明确的理想，并且为了理想矢志不渝地奋斗，勤学而谦逊。他集三家所长，触类旁通，善于继承又勇于创新，刻苦钻研医术，竭诚救治病患。他用一生对医道做了最好的诠释，即怀大慈恻隐之心，誓愿普救含灵之苦。

朱橚——不爱皇位爱医学的皇子

朱橚（1361—1425）是明太祖朱元璋的第五子，初封吴王，后封周王。因其谥号为"定"，所以又被称为周定王。《明史·朱橚传》说："橚好学，能词赋，尝作《元宫词》百章。以国土夷旷，庶草蕃庑，考核其可佐饥馑者四百余种，绘图疏之，名《救荒本草》。"朱橚在自己所写的《袖珍方·序》中还说："予当弱冠之年，每念医药可以救夭伤之命，可以延老疾之生，尝令集《保生余录》《普济》等方。"因此，我们知道朱橚自撰或主持编撰了《元宫词》《救荒本草》《袖珍方》《保生余录》《普济方》5种书籍，时至今日，除《保生余录》可能失传外，其余四种皆有传本流布。

保生、普济、袖珍、救荒，从朱橚所编撰的4种医书的命名中，不难看出他通过编写这些医书来做体仁遵义之事的意图。朱橚为了编撰上述医书，进行了精心的策划。他专门聚集了一批学有专长的学者，如刘醇、滕硕、李恒、瞿佑等，作为编撰的骨干；召集了一些技法高明的画工，以便绘制出精美的图谱；又开辟了专门的植物园，种植各种野生食用植物，进行观察实验。朱橚所编撰的医书中，《袖珍方》4卷撰于他被流放到云南期间。朱橚看到蛮荒之地的云南居民生活艰难，缺医少药，就组织人员编写了《袖珍方》。书中收载实用有效、方便易得的医方共3077首。《救荒本草》2卷是一种记载食用野生植物的专书，全书共记述野生植物414种，其中多数是以前的本草书中所没有记载过的。书中用简洁通俗的语言将野生植物的形态、食用方法、药用价值等表述出来。一种野生植物配一张图谱，文字叙述准确，图谱绘制符合植物原貌。《救荒本草》开创了野生食用植物的研究，在国内外产生了较大的影响。

朱橚所编撰的医书中最重要者为《普济方》。《明史·朱橚传》中未述及他撰《普济方》之事，此中原因不详，但朱橚在《袖珍方·序》中明确说到自己编撰了《普济方》，因此可以肯定，《普济方》的撰人和刊刻者应当是朱橚。从实际情况来看，如果没有像朱橚的那样的知识背景和财力基础，是很难组织一班人员撰就并出版《普济方》这部大书的。朱橚组织人员编撰《普济方》之时，对明以前之医方进行系统全面的收集整理和论证研究，甚至还兼收了传记杂说、道藏、佛书中的有关记述，于1390年始编，1406年编成《普济方》168卷。全书"凡一千九百六十论，二千一百七十五类，七百七十八法，六万一千七百三十九方，二百三十九图"，是收方达9万多的《中医方剂大辞典》问世以前的现存最大方书。不过，《普济方》并非泛泛照录药方，书中不仅一症之下备列诸方，甚或将方药以外的文献也长篇囊入其中，内容极为丰富，编辑极富特色，且成书时代较早，是一部极有价值的中医文献。由于《普济方》是一部大书，再版极难，所以由朱橚在永乐年间初刊之后，就未再版。所幸宁波范氏天一阁藏有此书的抄本一部，在清乾隆年间四库全书馆开馆时，此抄本由范氏进献给四库全书馆，并且被收入《四库全书》中，使得这部刊刻于明代永乐年间的大型方书避免了亡佚的命运，同时也使得许多珍贵的中医文献能够流传至今。《普济方》初撰成时分为168卷，因为"其卷大者百余叶，小者亦三四十叶"（《宋元旧本书经眼录》），所以在录入《四库全书》时，编纂人员将其改分为426卷。据陈垣《〈四库全书〉中过万页之书》一文统计，四库全书本《普济方》部头仅次于《佩文韵府》和《册府元龟》，是《四库全书》中的第三大书，有23 560页。

李时珍——世界公认的医药学家

　　李时珍（1518—1593），字东璧，晚年号濒湖山人，明代湖广省黄州府蕲州（今湖北省黄冈市蕲春县）人。李时珍出身于三代相传的世医之家，祖父为铃医，父亲李言闻，号月池，为当地名医，医术很高，给穷人看病常常不收诊费，在乡里很有声望，也深得当地贵族的器重。李月池不仅有丰富的临床经验，而且在医学理论上也有相当的修养，著有《四诊发明》《艾叶传》《人参传》《痘疹证治》等。

　　李家后院里种了好些药草，李时珍排行老二，自小体弱多病，从蹒跚学步之日起，就和这些草木结下了不解之缘。药园中的药草从发芽、开花、结果，到制成草药、为人治病，李时珍徜徉其中，逐渐对这些草药的性能有所了解。李月池也常带两个儿子到诊所，一面行医，一面教子读书，不时让孩子们帮助誊抄药方。耳濡目染，李时珍学医兴致越来越浓，常常翻开父亲的医书读得津津有味，自言就像吃糖啃甘蔗一样。

　　李时珍聪明颖悟，才智过人，处处留心向父亲学习，暗自记下了不少药方。有一回父亲遇到了疑难病症，一时想不出有效的药方，李时珍凑到父亲耳边，轻轻地说了一个对证的古方出来。还有一次，父亲带着长子出诊，这时来了两位病人，一位火眼肿痛，一位暴泄不止，李时珍思索了半晌，说道："父亲要到晚上才能回来，要不我先给你们开个方子试一试？"腹泻的病人迫不及待地连声说好，另一位也连连催促开方。李时珍于是果断地开方取药。父亲回来后，李时珍赶忙把病人是什么症状，为什么要用这些药，这些药有什么性能等，一股脑儿说了一遍，讲得头头是道。李月池一边听一边不住地点头，心中又惊又喜。

但封建社会"学而优则仕"的思想根深蒂固，民间医生的社会地位更是卑微，常常受豪绅贵族的歧视，父亲不愿意让聪慧的二儿子再当医生，决定让他读书应考，以便有朝一日出人头地。为了不辜负父亲的厚望，李时珍只好把心思放在八股文章上，14岁便考中了秀才。李月池高兴得乐开了花，把改换门庭的希望全部寄托在了李时珍身上。谁知事与愿违，从17岁起，李时珍接连三次到武昌乡试，都名落孙山。20岁那年，李时珍身患"骨蒸病"，连续不断地咳嗽和发烧，差点送了命，幸亏有医术高明的父亲精心诊治，用一味黄芩就把病给治好了。从此他放弃了功名，专心学医，一心一意当起了郎中。

乡试失利后，李时珍曾从理学家学过经学，上自经典，下及子史百家，靡不阅览，打下了良好的文化功底。李月池面对现实，开始精心调教两个孩子习医，总是从医理和病情两方面，灌输给他们全面的医学知识。不几年，李时珍果然成了一位很有名的医生。

李时珍22岁开始给人看病，边行医边研究药物。他在学习查阅本草书时发现，许多有用的药物没有记载；有些药物只记了个名称，没有说明形状和生长情况；还有一些药物记错了药性和药效，不仅治不好病，还会延误病情，导致不良后果。有一次，一帮人拉着一个郎中，来到李时珍诊所来评理。原来这位郎中开了一味药"漏篮子"，药铺却抓了"虎掌"，病人用他的方药后，病没见好反倒加重了。查阅本草古籍，《日华子本草》就把漏篮子和虎掌混为一谈了。又有一位医生，为一名精神病人开药，用了一味"防葵"，病人服药后很快就死了。还有一位身体虚弱的病人，吃了医生开的一味补药"黄精"，也莫名其妙地送了性命。原来，在好几种古本草书上，都把防葵和狼毒、黄精和钩吻说成是同一种药，而狼毒、钩吻毒性都很大，人吃了怎能不送命呢？一桩桩、一件件药物误人性命的大事在李时珍心中激起巨大的波澜，从此他萌生了订正古书错误、重新编写一部完善的本草典籍的念头。

在父亲的精心培养和引导下，李时珍逐渐名声在外，同样也得到了王侯的信任。荆穆王妃胡氏患胃痛病，延请他治疗，以一味延胡索治愈。1551年，明武昌楚王听说李时珍医术精湛，聘他为楚王府奉祠正，掌管祭祀、礼仪、乐舞，兼管良医所。后李时珍因治愈楚王世子的暴厥、巴蜀富顺王之孙的"嗜食灯花病"，以及其他不少人的疑难杂症而名扬朝廷，1559年在他41岁时，被举荐入职太医院。

太医院是专为宫廷服务的医疗机构，拥有大量外界罕见的珍贵医书资料和药物。李时珍经常出入于太医院的药房及御药库，认真仔细地比较、鉴别全国各地的药材，搜集和记录其形态、特性、产地等大量资料，同时他还有机会饱览了王府和皇家珍藏的丰富典籍，从宫廷中获得了大量本草相关信息，并看到了许多平时难以见到的药物标本，包括海外进口的药材，大大地开阔了眼界，丰富了知识。

明朝政府曾在弘治十八年（1505）编撰了一部官修本草《本草品汇精要》，是我国第一部大型彩绘本草图书，后因有不少编修人员涉重案而封藏于宫中。李时珍在太医院工作期间，很有可能在不公开的情况下幸运地看到了此书，从而启发了他编著一部新本草。他曾多次向太医院提出编写新本草的建议，都未被采纳。李时珍很快就明白，太医院的工作环境是不可能实现他的愿望的，而且一般医生待遇又很低（明代是一般官医待遇最低的时期，官僚、御医与一般医生待遇悬殊），这里绝非自己的用武之地，一年后就托病辞官回家了。

1552年，经过长时间的准备之后，34岁的李时珍开始着手重修本草。由于准备充分，开头还比较顺利。但写着写着就发现，药物成千上万、多种多样，对药物的性状、习性和生长情形，很难全部心中有数。李时珍意识到，"读万卷书"固然需要，"行万里路"更不可少。从此他穿上草鞋，背起药筐，在徒弟和儿子的伴随下走出家门，遍访名医宿儒，搜求民间验方，远涉深山旷野，实地对照、辨认药物，观察和收集药物标本，分清了不少似是而非、含混不清的药物，纠正了旧本草中的许多谬误。如天南星、虎掌本为一物，而《开宝本草》却误分为二；泽漆、大戟原是二物，不少本草却合二为一。为了搞清白花蛇（五步蛇）的形态，他深入蕲州城北龙蜂山捕蛇，观察到白花蛇三角头、四颗牙、背上24块斜方格、腹部斑纹等显著特征。《本草经集注》载，穿山甲用鳞片诱蚁为食，李时珍观察却发现，其"常吐舌诱蚁食之"。古本草记载铅和水银无毒，而且水银为长生不老药。他深入矿区，认识到铅"性带阴毒，不可多服"；"汞出于丹"，"温燥有毒"，"若服之过剂，则毒被蒸窜入经络筋骨"，"变为筋挛骨痛，发为痈肿疮漏"，其害无穷，驳斥了水银久服成仙的无稽之谈。

他还一路考察一路为父老乡亲治病。有位老婆婆患习惯性便秘30年，多方治疗不见效，李时珍运用从民间学来的偏方，以适量的牵牛子配成药，很快就治好了。还有位妇女鼻腔出血，一昼夜不止，李时珍又是用从民间采得的单方，即大蒜切片敷贴患者足心，一会儿工夫血就止住了。他不但在治病时注意积累经验，还亲自到各地去采药，亲口品尝了许多药材，判断药性和药效，还发现了许多药物的新功能、新特点，如曼陀罗用于麻醉、半边莲治蛇咬伤、土茯苓治梅毒、金银花可退热等。为了掌握曼陀罗花的性能，他亲自尝试"乃验也"，误食会使人手舞足蹈，并记下了"割疮灸火，宜先服此，则不觉苦也"。本草书中有大豆解百毒的记载，他通过多次试验证明，单味大豆并无解毒作用，加上一味甘草才有良好解毒效果。

李时珍不怕山高路远，不怕严寒酷暑，走遍了出产药材的名山。有时好几天不下山，饿了吃些干粮，天黑了就在山上过夜。按现代的行政区划版图来看，他先后到过湖北、湖南、江西、安徽、江苏、河南等地，足迹遍及大江南北，尤其是湖北、湖南的名山大川，行程达两万余里。采药的、种田的、捕鱼的、打柴的、狩猎的、采矿的，无不是他的朋友和老师，向他们学到了许多书本上没有的知识。由于有了深入实际的调查，李时珍回来后写《本草纲目》就得心应手了。

1578 年，一部具有划时代意义的药物学巨著《本草纲目》终于在李时珍 60 岁时脱稿了。这部旷世名著每一个字都浸透着他的心血，是他参阅历代各种有关医药及学术书籍 800 多种，结合自身经验和调查研究，历时 27 年，先后三易其稿写成的。李时珍不仅考订、纠正了过去本草学中的若干错误，而且综合了大量科学资料，提出了较科学的药物分类方法，融入了先进的生物进化思想，并反映了丰富的临床实践经验。其对植物按自然演化的系统分类方法，不仅提示了植物之间的亲缘关系，而且还统一了许多植物的命名方法，比瑞典林奈的自然分类法要详细得多，而且时间上早 200 多年。

1596 年，李时珍逝世后 3 年，《本草纲目》第一版刻本问世，由于是在当时的南京刊刻的，故称"金陵本"。自 17 世纪末开始，先后被节译或全译成拉丁、英、法、德、俄、朝鲜等文字，再版 100 多次，被达尔文称为"中国古代的百科全书"，是世界上影响最大的药物学著作，在世界医药文化发展史上具有里程碑的意义。李约瑟博士在《中国科学技术史》中评论说："毫无疑问，明代最伟大的成就，是李时珍那部本草书中登峰造极的著作《本草纲目》，至今，这部伟大的著作仍是研究中国文化中的化学史和其他各门科学史的一个取之不尽的知识源泉。"2011 年 6 月，金陵本《本草纲目》与《黄帝内经》一起，被联合国教科文组织列入《世界记忆名录》，再次向世界展示了中医药的伟大。

杨继洲——弘扬针灸的集大成者

　　明代针灸学家杨继洲（1522—1620），浙江衢州府（今浙江衢州市）人，据《中国医籍考》记载，杨继洲家学渊源，其祖父杨益曾任太医院太医，声望很高。杨氏家中珍藏有各种古医家抄本，所以杨继洲得以博览群书，通晓各家学说。他年幼时专心读书，博文绩学，热衷科举考试。后来又弃儒学医，一生行医40多年，临床经验丰富，对针灸尤其精通，治病时常常针药并重。

　　据史料载，当时山西监察御史赵文炳患了痿痹之疾，多方诊治，屡治不愈，邀杨继洲去山西诊治，杨继洲仅仅三针就治愈了。病愈之后，赵氏为报答杨继洲，帮助杨积极刻印针灸著作。杨氏在早年就曾编撰《卫生针灸玄机秘要》三卷，但一直未能刊刻问世。正是这个时候，赵文炳看到了《卫生针灸玄机秘要》这本书，决定帮助杨继洲将这本书付梓出版。但他们感到并不完善，"犹以诸家未备"，于是在赵文炳的帮助下，广求群书，凡是有关针灸内容全部搜采汇集，并委托晋阳人靳贤进行选集校正。最后《针灸大成》的内容除了《卫生针灸玄机秘要》外，又辑录了《神应经》《古今医统》《针灸节要》等著作中的针灸内容。凡是明代以前的重要针灸论著，《针灸大成》都或多或少进行了辑录和引用。同时，还令能工巧匠在太医院刻制铜人像，详著其穴，刻画成图，配于文内，共编为十卷，取名《针灸大成》。

　　《针灸大成》是我国针灸学的又一次重要总结，全面地总结了明代以前积累的有关针灸学术经验和成就。也是明以来几百年间流传最广的针灸学著作，是一部蜚声针坛的历史名著。《针灸大成》自明万历年间刊行以来，平均不到 10 年就出现一种版本，翻刻次数之多，流传之广，影响之大，声誉之著，实属罕见，故可认为它是目前最受欢迎、知名度最高的针灸专著之一。此书被刊行以后，不只受到国内学术界的重视，在国外也影响很大，至今已有 50 种左右的版本，并有日、法、德等多种译本。

王肯堂——援儒从医的典范

　　王肯堂，字宇泰，亦字损仲，又字损庵，自号念西居士。明代金坛（今江苏金坛市）人。明嘉靖二十八年（1549）出生于书香门第之家，卒于明万历四十一年（1613），享年65岁。

　　王肯堂出身官僚之家，祖父王臬为正德十七年（1519）进士，曾任兵部车驾司主事，性格刚正，后被贬任山东按察副使。父亲王樵历任数职，为官近50年，在当时很有地位与知名度，明史中有他的列传。

　　王肯堂自幼聪颖，好学不倦，酷爱医学。嘉靖四十五年（1566），在他17岁时，母亲罹患重病，家中请了很多名医前来医治，前后来诊的几位医者立方遣药，服后效果不佳，他的母亲最终因治疗无效而病故。王肯堂对此十分悲痛，心中非常不满，便萌发了学医的念头，开始加倍刻苦研修，志在济世活人。在他不足20岁时，妹妹患乳痈，经过许多外科高手治疗都未好转，而经过王肯堂的悉心治疗，妹妹的乳痈病痊愈了。后来，他又以高超的医术治好了一位虞老汉的附骨疽重症，把病人从死亡的边缘抢救过来。此后，百姓渐渐都来找王肯堂看病。

　　他的父亲见此情况，担心妨碍儿子日后考科举，便严禁他学习及从事医业，王肯堂不得不暂停学医而专于攻读举子业。终于肯堂在30岁时乡试中举，40岁中进士，同年被选为翰林检讨，从此便步入宦途，后备员史馆。王肯堂43岁时，日本侵略朝鲜，带兵首领扬言出兵中国，大司马仓皇招兵买马，却并不组织训练，肯堂嘲笑他不干实事，便向朝廷进呈抗倭疏议，坦言愿意辞去本职以御史的名义去海上练兵，不料却受到"浮躁从事"的批评不被采纳。肯堂愤慨不满，便请病辞官回家，从此他专心自学医药书籍，同时还为人治病及撰写著述。

王肯堂49岁开始撰写《证治准绳》，55岁完成《伤寒证治准绳》。57岁时经吏部侍郎杨时乔荐举，任南京行人司副，后再任福建参政。58岁完成《妇科证治准绳》与《幼科证治准绳》，59岁完成《疡科证治准绳》，63岁官迁福建布政司右参政。此时的王肯堂已容颜老矣，所任官职也不比当年。64岁时，他得到朝廷许可退休而回到老家金坛，不幸的是，他开始生病，于八月初八日逝去。当时他的儿子王念铭年仅9岁，所以王肯堂的不少著作都散佚了。他现存的医学著作有《证治准绳》《医镜》《医论》《医辨》，还辑有《古今医统正脉全书》。文学著作更多，有《郁冈斋笔座》《尚书要旨》《论语义府》《律例笺释》《念西笔座》《郁冈斋帖》等。如果没有散佚，肯定还有更多。但对医界影响最大、最有代表性者当推《证治准绳》。

《证治准绳》这一医学巨著的写成历时11年，全书分6科（实际为5科），即《杂病证治准绳》8卷、《类方证治准绳》8卷、《伤寒证治准绳》8卷、《疡医证治准绳》6卷、《幼科证治准绳》9卷、《女科证治准绳》5卷，共44卷。内容涉及内、外、妇、儿、五官等临床各科的证论方治，因为本书对证候治法的叙述特别详细，可使"不知医不能脉者，因证检书而得治法"，所以题名为《证治准绳》。此书分科论述，各科涉及的病种非常广泛，搜集的资料却又非常丰富，上自《内经》《难经》，下至时下之书，且经过删减整理，所以全书有"博而不杂，详而有要"的感觉。本书内容广博宏丰，理法方药齐备，对学习和研究明代以前各学科的发展与成就有很大的价值。《四库全书》评价此书"宜其为医家圭臬"。

王肯堂还有许多卓越的思想，这些思想正是他非凡作为的基石，如破门户之见，集百家之言。

中医学术的发展在明代已走入门户之学的偏路，许多医家沿袭金元诸子，只取一家之言，排斥其他，或矫枉过正，意气偏激，形成了寒温水火纷争的格局。难能可贵的是，王肯堂在当时就能清醒地看到门户之偏对医学发展所带来的危害，高瞻远瞩，博采兼收，贯各家之说，于寒温攻补无所偏主，倡导折衷医风，呕心沥血，致力于医学研究，撰成巨著《证治准绳》。王氏的这种治学观点和方法成为清代折衷风气之先导，这对后人及清朝医学的发展都起到了莫大的促进作用。

在伤寒证治方面，明代许多医家专重陶华《伤寒六书》一家之言，以致"辨证不明，方药杂乱"。王氏叹曰："世之医，有终身目不识（《伤寒论》）者，独执陶氏《六书》以为枕中鸿宝耳。夷考陶氏之书，不过剿南阳唾余，尚未望见易水门墙，而辄诋《伤寒论》为非全书，聋聩来学，盖仲景之罪人也。而世方宗之，夭枉可胜道哉！"（《伤寒证治准绳·自序》）乃"以仲景方论为主，后贤续法附之"，集成《伤寒证治准绳》8卷，大大开拓了《伤寒论》的治学门径。在临床杂病证治方面，王氏更是博采众长，折衷各家学术精华，撰著《杂病证治准绳》8卷，对引导后世医家越出门户樊篱起到了积极作用。

王肯堂治病十分重视调补脾肾。脾为后天之本，气血生化之源，气机升降之枢纽。而脾虚之疾，补脾不应，当补其肾。他说："今人只知脾胃虚当补，补之不应则补其母，如是足矣，而不知更有妙处。而医家所谓脾为太阴湿土，湿之一字分明，土全赖水为用也。故曰补脾必先补肾，肾精不足又须补之以味。古人云补脾不若补肾，又云补肾不若补脾，二言各有妙理，不可偏废也。"王肯堂治云中秦大山胁痛，遇劳忍饿则发，处以人参、黄芪、白术、当归、川芎、地黄、牛膝、木瓜、山茱萸、石解、桃仁等药，令其常服之。积久之疾，一朝而愈，不复发矣。又一例魏昆溟吏部亦以劳饿得胁痛，而他医不分虚实投以枳壳、青皮等破气之品，痛愈甚，症反剧，不久而陨。王肯堂举出此二例，以告后人勿犯虚虚实实之弊。

明朝是中国古代骨科发展史上的全盛时期，肯堂又堪称承前启后的一代宗师，他为骨伤科的发展和兴盛做出了不可磨灭的贡献。阐明"损伤一证专从血论"，正骨要明辨骨骼，强调治损求源，诊疗方法上强调不用暴力，主张运用技巧。东汉华佗是最早应用全身麻醉的医学家，然而其著作及麻沸散皆早亡佚。王肯堂在《疡医证治准绳》中首次刊载了局部麻醉药，成分是川乌、草乌、天南星、半夏、川椒，为末调搽。局麻药广泛应用于临床，减轻了患者的痛苦，进一步拓宽了手法整复和进行手术的范围，王肯堂功不可没。

王肯堂在优生优育方面亦有突出贡献。他指出：求子之理，聚精调经。是以男莫先于聚精，精聚则神全，神全则本立；女莫先于调气，气调则血附，血附则经平。二者既得其理，发必中的而生育矣。还明确指出：不孕之理，男女有责。把人类生育的问题归纳为男子聚精与女子调经两个方面是符合生殖医学理论的。此外值得一提的是，他养胎安胎的方法很是齐全，主要记载在他的《胤产全书》里。最后，王肯堂对胎前诸证的处理相当重视，特别强调辨证施治。

王肯堂与名医缪希雍的交往也是中国历史上一段关于友谊的佳话。王肯堂在《证治准绳》中详细地记载了两个人的见面过程。万历七年（1579），两人相见于现在的南京，彼时缪希雍33岁，王肯堂30岁，两人一见如故，迅速地成为知己，二人在学术研究方面都虚怀若谷，互相请教。据说，缪氏曾毫无保留地将自己用酸枣仁补血、桑白皮治鼻塞、资生丸健脾止泻的经验介绍给王肯堂。王肯堂亦将自己的治疗经验体会与缪氏交流，"凡宇泰所辑诸书，仲淳皆参订焉"（王宏翰《古今医史》）。二人遇到疑难之症都相互探讨，共同拟定诊治方案。一次，王肯堂夫人患心口痛，他特邀缪诊治。缪氏亦请王肯堂会诊治愈了云间康孟修的寒热危证、于中甫之子的痘疹险证（详见《先醒斋医学广笔记》）。由此可见，王肯堂和缪希雍二人在学术上相互尊重，共同探讨，共同提高，而无文人相轻、怀才自傲的陋习，值得我们每一个人学习。在两人畅谈医药的时候，王肯堂注意到缪希雍有一个习惯，总是从袖子里拿出一个东西放进嘴里咀嚼，王肯堂问了之后才知道，这药丸是缪希雍在游历中得到的一个秘方，叫资生丸，可调理脾胃，饥饿时服用不会再有饥饿感，吃饱后服用可快速消食。缪希雍毫不犹豫地把方子写下来送给了王肯堂，之后还送给了王肯堂一些资生丸，只是此时的王肯堂"颇不信其消食之力"。有一天，朋友找王肯堂饮酒，酒足饭饱以后，王肯堂不敢睡觉了，因为吃得太饱后立刻睡觉是很伤脾的。王肯堂就服用了两丸资生丸，发现其消食效果非常好，第二天早晨起来，一点积滞的感觉都没有。于是王肯堂"始信此方之神也"，并把这个方子作为父亲晚年的保健用药。

王肯堂的儒生雅号被他优秀医者的身份所遮盖，但是其实他僻居读书十四年，与读书人没有差别。古书记载说他平生没有玩乐的嗜好，只喜著书，在经传等多个领域都有研究，凡阴阳、五行、算术、太乙、遁甲、相宅、术数之学无不精微。他精医术、明药理、重医德，是明代有名的医学家；他还工书法、擅篆刻、精鉴赏，是明代有名的书法家，古书赞扬他的书法可以登入晋人的雅室；知识面极广的他还研究佛经、西洋历法，并精通碑帖书画，常与当时的书画名家董其昌研讨书画理论。

康熙——曾给曹雪芹祖父诊病的长寿皇帝

康熙皇帝对医学有相当深入的认识，并且亲自参与医疗实践，确实是一位熟稔医学的帝王。

康熙对养生有通达的认识。他说："节饮食，慎起居，实却病之良方。""尔等凡居家在外，惟宜洁净。人平日洁净则清气著身。若近污秽，则为浊气所染，而清明之气渐为所蒙蔽矣。"康熙还强调身体若无大病，只是"微有不豫"，只须比平常稍减饮食，不必大减。他说"今之医生，一见人病即令勿食，但以药

故宫博物院收藏康熙画像

物调治。若或内伤食者，禁止犹可；至于他证，自当视其病由，从容调理，量进饮食，使气血增长。苟于饮食禁之太过，惟任诸凡补药，鲜能资补气血而令之充足也。养身者宜知之。"

康熙认为，医生应当有良好的医德。他对那些于医理一知半解、以谋取病人钱财为生的江湖医生十分反感。他说："今之医生，所学既浅，而专图利，立心不善，何以医人？"

在医患关系方面，康熙以为病人应当积极配合医生诊治。他说："人

有病请医疗治，必以病之始末详告，医者乃可意会，而治之亦易。往往有人不以病原告之，反试医人之能识其病与否，以为论难，则是自误其身矣。又病各不同，有一二剂药即疗者，亦有一二剂药不能即疗者，若急望救，以一二剂药不见病减，频换医人，乃自损其身也。凡人皆宜记此。"

康熙对治病用药有自己的独到见解。他说："药品不同，古人有用新苗者，有用曝干者，或以手折口咬，撮合一处。如今皆用曝干者，以分量称合，此岂古制耶？如蒙古有损伤骨节者，则以青色草名绰尔海之根，不令人见，采取食之，甚有益。朕令人试之，诚然。验之，即内地之续断。由此观之，蒙古犹有古制。药惟与病相投，则有毒之药，亦能救人；若不当，即人参，人亦受害。是故用药贵与病相宜也。""医药之系于人也大矣。古人立方，各有定见。必先洞察病源，方可对症施治。近世之人，多有自称家传妙方可治某病，病家草率，遂求而服之，往往药不对证，以致误人也。可胜言哉！"

在清代，天花流行，对人们的危害极大，甚至连皇帝也难以幸免。顺治因患天花而死，康熙也出过天花，脸上留下麻子。当预防天花的种痘术出现后，康熙即以皇帝的身份颁发行政命令加以推广。康熙首先下令给自己子女及宫中女子种痘，还给蒙古四十九旗及喀尔喀蒙古部民种痘。由于康熙亲自提倡用种痘术预防天花，因而使千万人免于因患天花而死亡。

康熙不仅喜爱中医，同时还对当时传入中国不久的西医也很感兴趣。康熙在 40 岁那年得了疟疾，太医们多方医治无效。此时西方传教士向他进献金鸡纳霜，康熙派四大臣试验，先令患疟者服之，皆愈。四大臣自服少许，亦觉无害，遂奏请皇上进用。不久，康熙的疟疾亦愈。康熙帝病愈后，鉴于金鸡纳霜确为治疟良药，时常以之赏赐臣下。为了深入研究西医学，康熙帝还让西方传教士翻译西方的医学著作，为巴多明翻译的西医学著作赐名《格体全录》。

康熙喜爱医学，不是仅仅停留在理论层面上，而是亲自参加临床实践，为人治病疗疾。他如果知道某位大臣患病，往往赐给大臣药物或拟定方剂。康熙四十九年（1710），曹雪芹的祖父曹寅患疥疮卧病两个多月，便是由康熙命服地黄汤后痊愈。曹寅上折感恩，折子中说："臣今岁偶感风寒，因误服人参，得解后，旋复患疥，卧病两月有余。幸蒙圣恩，命服地黄汤得以痊愈。目下服地黄丸，奴身比先觉健旺胜前，皆天恩浩荡，重赐余生。臣蝼蚁下贱，真肝脑涂地不能仰报万一。"康熙看后朱批说："知道了。惟疥不宜服药，倘毒入内，后来恐成大麻风症。出海水之外，千方不能治。小心，小心！土茯苓可以代茶，常常吃去亦好。"

乾隆——善养生得长寿的皇帝

故宫博物院收藏乾隆画像

有史可考的中国历代帝王，活到80岁以上的仅有5人，而其中最长寿的是清代的乾隆皇帝。乾隆皇帝爱新觉罗·弘历生于1711年，卒于1799年，不仅是史上最为长寿的君王，同时也是中国历史上实际执掌国家最高权力时间最长的皇帝。

前代帝王为了长寿，往往求助于仙丹妙药，结果唐代君主中有9位死于服食丹药，而乾隆也期望长寿，却选择了更加务实的方法。

乾隆认为，养形之法主要有动作、形体、起居、饮食、药物养生保健等，留下了"十六字诀"：吐纳肺腑，活动筋骨，十常四勿，适时进补。

养生首先要注重锻炼身体。乾隆除了一直重视骑马射箭练武外，还爱劳动。他指出："所以农夫身体强壮，至老犹健者，皆此故也。"乾隆还经常携皇室出行，曾六下江南，游山玩水，开阔心胸。

其次，需注意保健形体。乾隆提出的"十常"是齿常叩、津常咽、耳常弹、鼻常揉、睛常转、面常搓、发常梳、足常摩、腹常旋、肛常提。

这都是日常生活中可以做到的简易形体保健之法。

再次，要注意起居有常。乾隆生活作息很有规律，经常出行和散步，懂得生活情趣，喜爱佛学并经常抄写佛经，穿戴宽松舒适，这些都有助于身心健康。

乾隆指出，养生还要注意禁忌。他所说的"四勿"是指食勿言、卧勿语、饮勿醉、色勿迷。尤其对帝王来说，后宫嫔妃众多，需要做到色勿迷，对欲望有所节制。

最后，养生还需要注意饮食调养和药物补养。乾隆喜好美食，注意营养。据史料记载，乾隆常吃粗粮，注意膳食的营养均衡，喜欢喝绿茶。据清宫医案记载：乾隆皇帝自50岁以后坚持服用人参，每天含服人参一钱。据《上用人参底薄》记载，乾隆六十二年（1797）十二月初一始，至乾隆六十四年（1799）正月初三止，在一年多点的时间里，"皇上共进人参三百五十九次，用人参三十七两九钱"，可见乾隆皇帝在晚年使用人参十分频繁。而人参具有补气生津、安神益智的功效，非常适合保健之用。

有人认为，人的寿命是先天决定的，但其实后天保养也很重要。明代医家张介宾就说过："先天强厚者多寿，先天薄弱者多夭；后天培养者寿者更寿，后天斫削者夭者更夭。"乾隆的长寿，很大程度得益于后天保养的结果，他也为我们留下了宝贵的养生财富。

叶天士——勤学善行的"天医星"

清代温病学派兴起，在治疗外感热病方面有较大创见，大大推动了中医学术发展，而被世人奉为温病四大家之首的便是号称清朝第一医家的叶天士。

叶桂，字天士，号香岩，别号南阳先生，约生于清代康熙六年（1667），卒于乾隆十一年（1746），晚年又号上津老人，祖籍安徽新安歙县（今安徽省黄山市歙县），其祖父自歙县蓝田村迁于苏州，居上津桥畔，叶天士即出生于此。

叶天士少承家学，12岁时随父亲学医。祖父叶紫帆（一作子蕃），名时，医德高尚，处方以轻、清、灵、巧见长，乃源于新安医学的时方轻灵派。父亲叶阳生，名朝采，医术更精，读书也多，且喜欢饮酒赋诗和收藏古文物，但不到50岁就去世了，当时叶天士才14岁。

父亲去世后，叶天士的生活非常艰难，便拜父亲的门人朱某为师学习医术，以医为业。叶天士从小熟读《内经》《难经》等古籍，博览群书，聪颖过人，一点就通，加上勤奋好学、虚心求教，往往见解超过教他的朱先生。而且他虚怀若谷，善学他人长处，信守"三人行必有我师"的古训，听说某人善治某病，即上门拜访，求教医学，学成之后始归，10年之中先后拜了17位老师。当时名家王子接、马义元、周扬俊、张路玉、陶华等，都曾经指点他的医术，因此他多闻博学，"师门深广"。

叶天士曾经偷师于一位刘姓针法名家。那时他名声已经很大，但仍好学不倦，很想深入探究针刺之法，听说山东有位姓刘的名医擅长针术，但是苦于没人介绍。后来机缘巧合，他治好了这位名家外甥赵某的疾病，之后通过赵某的关系，改名换姓拜在刘医生门下学习针术。但刘医生始终没有传给他真的医术。叶天士一直相信，精诚所至，金石为开。有一次，有一位昏迷孕妇被送到刘医生处所，刘医生诊断后放弃了治疗，而叶天士仔细观察后发现孕妇是难产，于是取针刺孕妇脐下，结果孕妇和胎儿都保住了性命。刘医生十分震惊，详加询问之后，才知道这个弟子原来是隐姓埋名的名医叶天士，他被叶天士的好学和谦谨打动，于是将针术倾囊相授。

叶天士求知若渴，广采众长，且能融会贯通，因此在医术上突飞猛进，不到 30 岁就医名远播。他最擅长治疗时疫和痧痘等证，是中国最早发现猩红热的人。清代江南地区经常发生大疫，苏州也疫病流行，叶天士救活了不少人。而通过治疗这些疫病，叶天士总结经验，开创了治疗温病的新途径。

在清代以前，中医论治外感热病大都采用张仲景《伤寒论》的方法。金元四大家对仲景法提出了一些异议，开始尝试使用寒凉性质的药物治疗外感温热疾病，后来元末明初的王履开始区分伤寒与温病，到明末吴有性著《温疫论》，将温疫从伤寒中区分开来。但吴有性并没有分清"温疫"和"温病"的界线。

而叶天士著《温热论》，为我国温病学说的发展提供了理论和临床基础，从根本上划清了温病与伤寒的界限。他既坚持明清以前的温病医家的伏邪致病说，又接受了"新感温病"之说，创立温病的卫气营血辨证论治体系，在诊断上则发展了察舌、验齿、辨斑疹、辨白痦等方法，拟定了治疗大法，使用犀角、金汁、竹叶之类比较轻灵的药物，成为温病学的主要奠基人。而在内伤杂病方面，他提出了胃阴学说和久病入络说，主张养胃阴，强调脾肾同治，擅长奇经辨治。清代名医章虚谷高度评价《温热论》，说它不仅是后学指南，而且弥补了仲景书之残缺，功劳甚大。

叶氏不但精于内科，对儿科、妇科、外科等也多有建树。叶天士极受时人及后人的推崇，其学说也广为流传，"以是名著朝野，即下至贩夫竖子，远至邻省外服，无不知有叶天士先生，由其实至而名归也"，可见其知名度之高。史籍称他"切脉、望色、听言，病之所在，如见五脏"。《叶氏医案存真·序》说："至今谈方术者，必举其姓字，以为仲景、元化一流人也。"

民间则普遍传说叶天士为"天医星下凡"。《清史稿》称："大江南北，言医者，辄以桂为宗，百余年来，私淑者众。"叶天士的儿子叶奕章、叶龙章都是著名医家，而私淑叶氏的人更多，最闻名的有吴瑭、章楠、王士雄等，也都成为一代大医。

叶天士在研究中具有严谨精细的治学精神，觉得"学问无穷，读书不可轻量也"。他手不释卷，学无止境，"固无日不读书也"。他常说："病有见证，有变证，必胸有成竹，乃可施之以方。"同时，他认为行医之人，道德为先。朋友评价叶天士乃"内行修备，交友以忠信。……以患难相告者，倾囊拯之，无所顾藉"，深具治病救人之医者仁心。

乾隆年间，吴地瘟疫大流行，郡里设置医局救济穷人，给他们免费看病，当地的名医每天要去那里看一次病人。据说。其中有个打更的人，全身浮肿，病势险恶，名医薛雪先到医局，给他诊脉后就挥手让他走，并说："水肿已经太厉害了，不能治了。"更夫走出医局，刚好碰到叶天士到医局来，叶天士发现他并非重症，只是中了驱蚊药剂的毒而已，两剂药就治好了。据说，薛雪因此羞愧成怒，把自己的居处改名"扫叶庄"。又传说叶天士以牙还牙，把自己的居处改名"踏雪斋"。后来，据他们共同的朋友沈德潜解释，薛雪确有"扫叶庄"，但其名另有含意，并非为侮辱叶天士。而叶天士"踏雪斋"则无真实记录。

还有一个叶天士治穷的故事流传甚广。一天，叶天士正在给病人诊治，一个衣衫褴褛的人冒失地闯了进来，他说自己有致命的病证。叶天士问他是什么病，他说是"贫病"！这时，旁边的人都笑了，说他无理取闹，天下医生哪有能治贫穷的？！不料叶天士却略一思索，取了一枚橄榄给他，郑重其事地告诉他，这枚橄榄可以治他的穷病，还特别交代他：吃肉留核，种下之后，明年自然就不穷了。结果到了第二年，当地发生大疫，必须要橄榄叶入药。这时，叶天士推荐大家去找他买橄榄叶。虽然每人只买几片叶子，价格也便宜，但一树浓叶还是给他带来了一笔小财，并以此为本钱开始做小生意，真的"治好"了穷病。这则故事的流传，也说明了老百姓对叶天士的信任和爱戴。

叶天士活了80岁，临终时谆谆告诫他的孩子说："医可为而不可为。必天资敏悟，读万卷书，而后可借术以济世。不然，鲜有不杀人者，是以药饵为刀刃也。"（沈德潜《香岩传》）可见，越是站得高、看得远的人，越能发现自身的不足，也越是谦虚、谨慎。

叶天士生前患者盈门，日日忙于诊治病人，无暇亲笔著述。他留给后学者的宝贵学术著作都是他的门人和后人搜集整理的，其中顾景文和华岫云两位门人的功劳尤其大。他的著作中，《临证指南医案》是在他去世后，由门人取其方药治验，分门别类而集成，刊于1764年，内容包括外感病、内科杂病、妇科与儿科，流传甚广，"无一字虚伪，乃能征信于后人"，价值最高。

纵观叶天士的一生，无论是他的医学理论和临床经验，还是他的治学态度，都值得我们学习。尤其是他始终具有敏而好学、虚怀若谷的精神，更是我们学习的楷模，为我们留下了宝贵的物质和精神财富。

陈念祖——古代医学科普的实践者

陈念祖（1753—1823），福建长乐人，出生于儒医世家，我国清代著名医学家，是一位亦儒亦医式的历史人物。陈念祖早年丧父，家徒四壁，喜好读书，学识渊博，功底深厚，著述丰富，中年后致力于医学，终其一生，是中医学发展史上富有创见的理论家、临床家和教育家。

陈念祖幼年即随祖父读经史，兼习医学，补诸生后，35 岁时肄业于福州鳌峰书院，后随进士孟超然学经史，39 岁中举人，曾任直隶省威县知县等职。在陈念祖所处时代，一般医生为了应付门诊，多半只学习唐宋以来医家方药著作，对中医学经典著作不感兴趣，更不愿为研究这些著作下功夫。陈念祖感到这股轻视中医基本理论的风气很不正常，为了扭转这股风气，嘉庆二十四年（1819），他告老还乡，在福建长乐嵩山井山草堂讲学，不但把他数十年来研究中医经典的体会传授给学生，而且大力呼吁其他医家也应对这方面的学习加以重视。来自全国各地听他讲课的人很多，一时间弟子云集。

没有规矩就不成方圆。在医学教育方面，陈念祖特别强调启蒙教育的重要作用。他指出："医学之始，未定先授何书，如大海茫茫，错认半字罗经，便入牛鬼蛇神之域。""入门正则始终皆正，入门错则始终皆错。"因此，陈念祖十分重视经典著作，对古典医籍的钻研功力深厚，涉猎广泛。陈念祖还长期从事中医普及工作，将中医知识通俗化，为后学开启了登堂入室之门。新中国成立前，虽然各地设立了一些私立中医学校，但能入学的人数不多，可是读陈念祖书而当医生的甚多。中国近现代的一些名老中医，许多就是从读陈念祖的书开始学医的。

陈念祖一生著述十分丰富，传世之作包括《神农本草经读》《时方妙用》《时方歌括》《医学三字经》《医学实在易》《医学从众录》《伤寒论浅注》《金匮要略浅注》《伤寒真方歌括》《金匮方歌括》《长沙方歌括》《灵素集注节要》《景岳新方八阵砭》《女科要旨》《十药神书注解》《伤寒医诀串解》等，基本涵盖了中医基础理论、临床及医学知识入门、普及等诸方面内容，是中医普及教育的理想教材，对中医教育的普及起到了很大的推动作用。其中，许多著作如《医学三字经》《医学从众录》《医学实在易》等书，文字质朴流畅，内容深入浅出，十分切于实用，近 200 多年来一直流传不衰，影响广泛，堪称古今中医普及的典范著作。据统计，《医学三字经》在 1804 ~ 1956 年共刊刻 27 次，平均 5 年多一次；《神农本草经读》在 1803 ~ 1959 年共刊刻 21 次，平均 7 年刊刻一次。其他医著刊刻也有 10 多次，其数量之多，影响之大，为清代首屈一指。由于陈念祖的书畅销各地，书商为谋取厚利，把其他医家的书也印上他的标签，故有陈念祖医书三十二种、四十八种、五十种、七十二种之说。

陈念祖医著虽以深入浅出、通俗易懂著称，但他恪守"俗而不庸、浅而不陋"之原则，被众多医家肯定为医学教育入门之正宗，所以普及面广。大江南北，穷乡僻壤，莫不知有《医学三字经》《医学实在易》者。陈念祖所以能以浅近之语言表达中医深奥的理论，是由于他对中医理论有精深的造诣，才能深入浅出，由博返约。因此，他所编著的书，能处处以极其精简的语言道出医学原理，使人易于领悟，这才是陈念祖医学修养的超人之处。

中医学的教材体系自隋唐迄止于今，大致分为几个层次：入门课，如中国医学史、中医学术源流等；医学基础课，包括中医基本理论和药物、方剂知识；中医提高课、中医临床课，包括内、外、妇、儿等各科。

陈念祖所撰医著，已着眼于这几个层次，只是限于主客观条件，未臻完善和齐全。他不把经典作为圣条，而把它们作为行动的指南，这种精神值得我们借鉴。我国杰出的中医学家、中医教育家的称号，陈念祖当之无愧。

慈禧——驻颜有方的皇太后

慈禧是中国家喻户晓的人，她生于1835年，逝于1908年，享年74岁。慈禧在掌握了宫廷最高权力的同时，十分在意保养身体，驻颜有方。专为慈禧画像的美国女画家卡尔曾在她的著作《慈禧写照记》中赞叹地说："一千九百零四年八月五号，为予首次晋见慈禧太后之日……斯时为十点十五分钟，稍顷，御驾至矣。但见人丛中，有一极美之女子，面带笑容，与康格夫人意图周旋。裕庚之女公子一人，耳语曰：'斯即皇太后陛

故宫博物院收藏慈禧像

下是也。'然予相皇太后面貌，乃一极美丽极和善之妇人，度其年事，不过四十而止。其神情之佳，一见能使人喜悦，与世界之相传其为一残暴不可以理喻之老妇人之评语，何不相类如此，几疑其非是。""太后全体各部，极为相称。面貌之佳，适与其柔荑之手，苗条之体，黑漆之发，相得益彰。盖太后广额丰颐，明眸隆准，眉目如画，樱口又适称其鼻，下颌虽极广阔，而不带有一毫顽强态度。耳官平整，牙齿洁白如编贝。嫣然一笑，态度横生，令人自然欣悦。予若不知其已臻六十九岁之大寿，平心端之，当为一四十许美妇人。太后精神焕发，神采照人，可知其平

日居气养体之安适，决非寻常人所及。加以明珰满身，珠翠盈头，其一副纤丽庄严之态度，真有非笔墨所能形容者，而予欲以一枝秃笔写出之，岂不难哉？"

1904年时，慈禧已达虚龄70，但在卡尔的印象里，慈禧却有40岁左右妇人的外表，可见她确实是一位善于保养容貌的人，那么慈禧是如何保养容貌的呢？

第一是善于养身。慈禧起居有规律，每天早晨起床后，她首先要喝一碗银耳羹，然后用热水浸泡两手。侍女先用热手巾把慈禧的两手包起来，再放两手在银制盆具的热水里浸泡，等水变温渐凉时，再换热水，再次浸泡，就这样连续换水三次，把手背、手指的关节都泡得看上去白里透红、细嫩柔软，随即停止。经过年复一年的重复泡手，慈禧到晚年时，她的手看上去仍同少女的手一样。泡手之后，慈禧还要用银制盆具装满加入香料的热水，再以毛巾浸透热水，取出毛巾敷脸，使得脸部皮肤光鲜滑润，白皙美丽，富于光泽。慈禧每天要喝人乳、牛乳，以此来增加营养，美白皮肤。慈禧每天都进行适度的运动，她在早饭之后要散步一小会儿，中饭之后要绕一圈子，晚饭之后也要绕一圈子。

第二是善于养心。慈禧养心的方法很多，有写字、绘画、赏花、礼佛等。她的身材不高，却能写一手好字、大字，留传下来的福、禄、寿等字很有大家气象，显示她不凡的书法功底。慈禧闲时喜欢画牡丹、兰花等，以此来陶冶性情。慈禧小名兰儿，她的住处栽培着许多兰花，她经常品赏兰花，以获得赏花之趣。她信仰佛教，曾亲自抄写《心经》。

第三是积极治疗疾病。慈禧患有脂溢性脱发，在她40岁之后头发大量脱落，仅存鬓边和后脑短发，因此她很重视头发的保养，每天都精心梳理、养护头发。光绪六年（1880），慈禧46岁，这一年，她觉得心情不佳，心虚气短，经常腹泻，头发又一轮大量脱落，仅有的头发也呈干枯状，因此请御医们治疗。御医马文植给慈禧开了汤药方，从这年的6月到9月，她持续服用汤药，身体大为好转，皮肤也开始滑润，头发也逐渐变得乌黑柔顺，富于光泽。慈禧非常高兴，亲笔书写了"福""务存精要"两幅字，让近侍们制成两块匾，送给马文植。御医们还为慈禧拟出了菊花散和抿头方洗头。特别是抿头方，慈禧用到70岁，使她的头发一直保养得相对良好。

相传也是在光绪六年九月的一天里，慈禧由于嗜食油腻肥甘病倒宫中。她不思饮食，消化不良，脘腹胀满，恶心呕吐，大便稀溏，闷闷不乐。太医李德立率众太医去为她会诊，认为是脾胃虚弱所致。经过众太医研讨，都认为应当补脾益胃，因此开了八味由食物和药物配伍的药膳方：茯苓、芡实、莲子、苡仁、山药、扁豆、麦芽、藕粉各二两，共研细粉，加白糖七两，用水调合后做成糕点，并取名"健脾糕"。吃了此糕几天后，慈禧的症状竟完全消失了，食量大增，周身亦有力了。慈禧一高兴，便将"健脾糕"改称"八珍糕"。从此，"八珍糕"竟成了慈禧最喜爱的食品之一。

施今墨——立志革新弘扬医术的良医

施今墨（1881—1969），浙江萧山人，我国现代著名的中医临床家、教育家。民国初专业医，致力于中医革新，主张中西医结合，为中医学术发展和人才培养事业做出了突出贡献，是现代中医领袖人物之一，在国内外享有很高的声望。新中国成立后受到毛主席接见，参加过最高国务会议并任第三、四、五届全国政协委员。

施今墨13岁从其舅父河南名医李可亭先生学医，后入京师法政学堂接受革新教育，成年追随黄兴先生参加辛亥革命。辛亥革命推翻了清政府，在南京成立了国民革命临时政府，孙中山先生就任临时大总统，黄兴先生协助之。但多数官员仍似昔日之争权夺利，不顾人民疾苦。施今墨深感夙志未酬，遂脱离宦海，专以医为业。

施今墨一生志抱革新，业医亦趋革新。他认为，中西医应互相学习，使其融会贯通。西医有许多科学仪器辅助诊断，辨病明确，但治疗方法不如中医之多。故施今墨创立中医医院，采用西医诊断手段结合中医辨证治疗，疗效显著，名声大噪，许多疑难病患者经其精心治疗后多获显效，开中西医结合之先河，其革新精神实为可佩。

在学术上，施今墨认为中医学理论必须与临床实践相结合，没有临床实践只是空谈理论，并非良医。对古人之论述，必须付诸实践才能深有体会。敢于从实践中突破旧框框，方能推陈出新。历代名家著述，虽称圭臬，亦须从临床实践中深入体会。施今墨经常告诫他的学生："要戒主观、戒机械、戒玄幻、戒泛滥、戒故步自封、戒空论侈说。"他既反对厚古薄今，亦排斥非理性的标新立异。

施今墨在办学方面亦主张革新，不存中西医门户之见，大力提倡中西医学教育应互相取长补短。1932 年，由他带领创办的华北国医学院，课程设置以中医为主，兼设解剖、生理等西医基础课程，到新中国成立前，共培养了 500 多名中医。

施今墨品德高尚，虽名扬海内外，但接人待事谦恭诚恳，从不诽贬同道。遇到自己经验较少的疾病，即推荐病人至有专长的医生处诊治，甚至常常接受使用学生的治疗经验。

施今墨一位好友的儿子要从其学习中医。施今墨让其子女随便在书架上抽取了一本《内经知要》，叫此人把书首薛生白的序言念读一下。因为那本书是木版的，没有句读符号，所以他念不下来。施今墨婉转地对他说："你把中文再学上一段时期后，再来跟我学中医，那就好了！"从这件事中可以看出，施今墨对门生的要求也是十分严格的。

民国时期曾有废止中医之举。施今墨联合同道在南京组织请愿，在报纸上大声疾呼，迫使国民政府撤销废止中医一案。1949 年后，施今墨亦多次上书维护中医事业，坚持从事中西医结合事业，不遗余力。1969年 8 月 22 日，施今墨在北京逝世，临终嘱其儿女、门婿等，必须将医案整理出书。他说："余虽身死，但我的医术留给后人，仍为人民服务。"并嘱将遗体解剖，为医学研究做出最后贡献。

蒲辅周——勤恒严用求真知的医学探求者

蒲辅周（1888—1975），四川梓潼人，自其祖父起，三世业医，是现代杰出的中医学家。蒲辅周先生精于内、妇、儿科，尤擅治热病。在我国现代的几次传染病大流行时期，他独辟蹊径，救治了大量危重病人，为丰富、发展中医临床医学做出了宝贵贡献。他在 70 多年的医学生涯中，以振兴中医为己任，精研医理，勤奋实践，矢志不移，其勤、恒、严、用的治学风格深为医药界所敬仰，堪称中医后学之师表。

蒲辅周于光绪十四年（1888）生于四川梓潼县西溪沟，兄妹七人，其为长子。因家境贫寒，蒲辅周 15 岁时开始随祖父学医，3 年后即独自行医。早年的清贫生活，促使他奋发学习。青年时期的蒲辅周，只要一有空就看书，行医之暇也抓紧阅读，晚上读书至深夜，几十年如一日，从未间断。七旬以后的蒲辅周，仍是起床后稍作休息就开始看书，工作期间只要稍有空闲也是手不释卷。这种刻苦学习的习惯一直坚持到他晚年双目失明为止。他对所读之书，还要认真思考，深入领会，吸其精华，弃其糟粕，一点也不马虎。他时常对学生讲的一句话是："经典著作要精读深思，各家学说要博览兼收，基础知识要勤读牢记，真正做到一步一个脚印，扎扎实实地把书读通弄懂。"

蒲辅周认为，学无止境，学习必须持之以恒。中医理论深奥，没有坚韧不拔的毅力和锲而不舍的恒心，是不易掌握和领会的。他每读一部中医著作，无论篇幅大小，始终坚持一丝不苟，从头读起，一字一句，一章一节，不使遗漏。即使再读，也不改易这种方法。这种学习方式没有持之以恒的顽强意志是办不到的。他常说："开卷有益，每读一遍，皆有新知。病有万端，药有万变，只有刻苦学习，才能把病看好。"

严谨与否，不仅是态度问题，更是最根本的治学方法。在学习研究中医学术过程中，蒲辅周为自己订立了三条规矩：一是好读书，必求甚解；见重点，做好笔记；有疑义，查证明辨，不做采菊东篱之陶渊明。二是谨授课，必有准备；讲原文，论之有据；做分析，深入浅出，要学传道解惑之韩昌黎。三是慎临证，必不粗疏；问病情，详察明因；辨证治，胆大心细，效法治医有素之孙思邈。这种高度负责的作风，十分值得当代中医学子学习和发扬。

蒲辅周强调，为医者要学以致用，反对单纯的为理论而理论。如果只学不用，读书虽多，亦不过埋在故纸堆中，纵然发为议论，多属作古人章句之学而已。因此，他极力主张学习医理是为了应用医理和发展医理，这也是他做学问的精到之处。蒲辅周十分注重引导学生把学到的知识结合到临床实践中去。他授徒的方法是，在学生有了一定中医理论基础后，最初安排跟他抄方，继而由学生预诊，他审方指正。这样，学生们既易掌握老师的学术思想和临床经验，又通过亲身实践进一步验证了这些思想和经验。

为医者必须重视医德医风。蒲辅周毕生谦虚谨慎，严于律己，宽以待人。对同道和患者极度负责，不徇情，不逢迎，事败不推卸责任，功成不掠人之美。他时常告诫学生，生活要俭朴，切勿贪名图利。他对自己的子女说："你爷爷在年龄已六旬时，尚无分寒暑，足蹬芒鞋，出入于山间田野，不辞辛劳地为病者治疗。我在成都行医近五十年，未穿过一件料子衣服。医生衣着太奢华，穷苦人往往望而却步。这些家风你们应好好继承。"1975 年 4 月 29 日，蒲辅周先生临终前对其家人和学生说的最后的话是："学医首先要认真读书，读书后要认真实践，二者缺一不可。光读书不实践仅知理论，不懂临床，盲目临床，不好好读书是草菅人命。你们要牢牢谨记！我的一生就是在读书与实践中度过的。"

岳美中——自学成才的名医

岳美中（1900—1982），河北滦县人，一生从事中医医疗和教学工作，提出专病、专方、专药与辨证论治相结合的原则，善用经方治大病。新中国成立后，岳美中受党和政府的委派，曾 9 次到欧亚一些国家执行重要医疗任务。1969 年 8 月，周恩来总理亲自安排岳美中去越南为胡志明主席治疗疾病。1976 年，为培养更多高级中医人才，在岳美中的大力倡议下，由政府主办的"全国中医研究班"开始招收了第一期学员，为国家培养了一大批中医高级人才。岳美中受到全国中医、中西医结合工作者的爱戴，在中医学术界享有极高的威望。

岳美中出生于河北省滦县一个贫苦农民家庭，17 岁当小学教员，一面教书一面学习诗词文史，25 岁时因肺病吐血，发愤自学中医。他年近中年学医，面对数千年发展起来的中医学，要走一条什么样的做学问之路？既没有家学可依托，又没有专师引导，只能靠自己摸索探求。缺少师友商问，就反复钻研揣摩；为了体察药性，就攒钱买药回来品尝体验，能尝的药，岳美中大都尝试过。有一次尝服石膏过量，泻下不止，浑身瘫软，闹得几天起不来床。他的学医之路，有过徘徊，出现过偏执，也走过弯路。从读书的惑豁、临证的效失、病家的愁乐之中，岳美中进一步体认到中医对社会人群的作用，愈发坚定了终生研讨中医学，献身学术的决心。

岳美中认为，无恒难以做医生，做任何学问都要勤奋和持久，学医尤需如此。医生这个职业的特殊之处在于，一举手一投足都接触病人，医术好些精些，随时可以活人，医术差些粗些，随时可以害人。一个医生，如果不刻苦学习，医术上甘于粗疏，就是对病人的生命不负责任。当然，就是勤奋学习，也不等于就能万全地解决疾病。但无怠于学，至少可以无愧于心。这是岳美中一生鞭策自己读书习医动力。

学医离不开读书。但我国医学著作汗牛充栋，一个人的时间精力有限，怎么办？岳美中认为，欲有所成，就要摘要而攻，对主要经典著作要扎扎实实地下功夫，读熟它，嚼透它，消化它。不可顺口读过，不求甚解，不了了之。也不可用望文生义的简单办法去猜测。要把主要经典著作读熟、背熟，这是一项基本功。"书读百遍，其义自见"。读一遍有一遍的收获，背得熟和背不熟是不一样的。譬如《伤寒论》，如果能做到不加思索，张口就来，到临床应用时，就成了有源头的活水。不但能触机即发，左右逢源，还会熟能生巧，别有会心。否则，读时明白了，一遇到障碍又记不起，临证时就难于得心应手。读医书还要边读边记，勤于积累。积累的形式则宜灵活。比如说，可以结合自己的研究方向，对相近的一个或几个方面的专题进行摘要积累，读书时留意于此，随时摘抄记录，并部别类居，主要的加以标志，散漫的贯以条理，怀疑的打上问号，领悟的做出分析，大胆地附以己见。日积月累，对日后的研究工作是肯定有好处的。读书多些有益于专，知识博些源头更活。岳美中习医以后，半是积习，半是追求，研读文史和爱好旧诗词的兴趣一直很浓厚。习医之余，喜读《二十四史》，对六经、诸子、宋明学案以至佛教、道教的部分主要著作都有涉猎。兴之所至，还习作了1000多首诗词。由这种爱好中得来的文史知识和修养，对其中医的学习和长进起到了极大的作用。养到功深，是可以达到境界上的升华的。

承淡安——近现代针灸学的先驱

承淡安，原名启桐、秋梧、澹盦，1899年9月13日诞生在江阴华士镇一个中医世家，一生在奔波和忙碌中度过，最终积劳成疾，于1957年7月10日在苏州大石头巷寓所病逝，享年59岁。虽然他的一生并不是很长，但却是名副其实的"生在清代末，长在民国年，逝于新中国"。他的一生贯穿了三个不同的时代，而时代的变化也无形中影响着承淡安先生的一生。

承淡安的祖父承凤岗精于中医儿科，父亲承乃盈擅长针灸、儿科、外科。也正是在家庭氛围的影响下，承淡安也走上了从医之路。

1905年，承淡安6岁的时候开始接受小学教育，10年后，也就是16岁时初中毕业，之后在校任职3年左右，在他19岁时开始接触医学。1917年，承淡安开始跟随当地名医瞿简庄先生学习中医内科和外科，3年时间读完了《灵素类纂》、陈修园注《伤寒论》和《金匮要略》、王士雄《温热经纬》等医籍。3年的刻苦钻研，其学业猛进，为后来的深造奠定了扎实的基础。当时，西学东渐的思潮和民主科学思想对这位青年中医产生了巨大吸引力。1920年，他又参加上海中西医函授学校学习，掌握了一些西医诊疗技术。那时的他还没有真正接触过他未来的主要事业——针灸。

1921年冬，他回到家乡随父开业。在诊疗中，他发现许多疑难病症用中西医方法医治无效，而经他父亲针灸而愈。加上他 1923 年自己患了严重的腰痛和失眠症，吃了许多中西药都不见效，最后由他父亲针灸治好了。从此，他对针灸学产生极大的兴趣，遂刻苦钻研《灵枢》《针灸资生经》《针灸大成》等书。他刻苦专攻针灸技术，以及现代生理、解剖等医学知识，于 1925 年春独立行医，在距家 40 公里的北国集市上设诊所，1926 年冬到苏州，在城北小学当了 3 个月的校医，后悬壶于苏州皮市街、望亭等地，以针灸为主诊疗疾病。所至一心治病，对贫者施诊给药，因此很得病家的信赖。

清末民初，西学东渐，中医受到很大冲击，针术国宝只能匿伏民间，濒于湮灭。国内针灸医师奇缺，学术空气凝滞。承淡安行医后，更体会到针灸医术的魅力，即以它为诊疗主要手段，获得了良好声誉。其鉴于针术濒临湮灭的危机，并认为针灸之功效甚捷且花费便宜，操作易行，有必要加以推广，遂决心致力于复兴绝学。从此，承淡安走上了振兴中国针灸学的艰难曲折之路，毕生致力于针灸学的研究和教学工作。

1928 年夏，承淡安与同仁共办苏州中医学校于王枢密巷，并自编讲义，打破了针灸术不公开传授之保守观念。但却因经费不足，该校在一年后停办。而后，他迁居苏州望亭设诊所，开始收徒。1930 又迁至无锡，创办"中国针灸学研究社"，这是中国医学教育史上最早的针灸函授教育机构。为了办学，承淡安节省每一文钱，和学生在几间破旧的屋子里编写教材、书稿，复函学生问讯，晨昏相继。他在 1931 年秋完成编写教材《中国针灸治疗学》，内容深入浅出，通俗易懂。他自行绘制的《人体经穴图》，经络腧穴清晰可辨，便于学员自学。他还亲自负责指导，解答疑难问题，深受学员的欢迎，也为该社的发展打下了基础。1932 年春节，针灸研究社迁至无锡市南门外，国内外求学者日益增多。办学期间，承淡安编印《承门针灸实验录》，免费发给学员。继则在 1933 年 10 月创办《针灸杂志》，这是中医历史上最早的针灸专业杂志，内容辟有"论文""专载""杂著""问答""社友成绩栏""医讯"等专栏，原为双月刊，后改为月刊，至抗战爆发前共出 36 期。《针灸杂志》的创办扩大了中国针灸医学在国内外的影响和推广应用。

针灸医学从 6 世纪传入日本后，颇受重视，一直盛行不衰，各地举办了多所针灸专业学校。1935 年秋，承淡安东渡日本，考察该国针灸现状和办学情况。历时 8 月余，足迹遍及三岛，与日本针灸界人士切磋临床技能及理论知识，翻阅了国内少见、流传于日本的针灸古籍，并与日本东京针灸高等学校校长板本贡教授晤谈针灸，被授予针灸专攻士学衔。在日本期间，承淡安四处奔走，多方搜集日本的教学、科研资料和针灸器械，从中发现了《铜人经穴图考》和我国早已失散的元代滑伯仁的名著《十四经发挥》，这部古典珍籍的失而复得，回应着承淡安的拳拳之心。这一出国研修的经历使承氏的思想观念更加开放，其顺应发皇古义、融会新知的时代教育潮流，本着吸纳西医学新知识以解释中医经络、腧穴的实质及针灸治病原理的宗旨，约同有志之士，利用日本带回的一些针灸资料和研究社的坚实基础，将原来的中国针灸学研究社扩建为中国针灸学讲习所。1937 年 2 月，讲习所更名为中国针灸医学专门学校。随着中国针灸学研究社、讲习所和专门学校的不断发展，先后结业学员共 3000 余人。

1937 年，承淡安将平生积蓄，悉数用以建设教学楼，扩建学校。然而未及竣工，抗日战争爆发，不久无锡沦陷。具有高尚民族精神的他以民族事业为重，告别即将沦陷于日寇的故土，踏上了在流亡中艰辛办学的道路。他避乱西迁，途经江西、湖南绕道入川，辗转于重庆、成都、德阳、简阳、什邡一带。在颠沛流离的恶劣环境下，他一面随处为病员看病，一面带徒授学。八年抗战时期，他培养近千名针灸学员。1947 年冬，承淡安由四川回到无锡，见研究社与学校恢复不易，遂回苏州，并于 1948 年春开怀安诊所。

1949 年 10 月中华人民共和国成立后，人民政府重视针灸事业，承淡安受到极大鼓舞。1951 年，中国针灸学研究社在苏州司前街恢复日常工作，广收学员，复刊《针灸杂志》，后更名为《针灸医学》，共出版 21

期。在此期间，承淡安与京剧大师梅兰芳之间，从起初的医患关系到传承国粹的挚友关系，一度传为佳话。梅先生赴上海演出路过苏州，在游玩园林时不慎扭伤脚踝，被人抬至承氏诊所。承氏以缪刺法于梅氏右手腕养老穴处重泻之，逾时痛止肿消，梅氏当晚在沪即能演出。1954 年，承氏在南京时，梅氏到南京演出，特地前去江苏省中医进修学校探望承氏。当承氏听说梅氏欲赴日本东京演出时，特托付其在日期间帮着留意针灸方面的日本医籍，梅氏也不负其托，为其带回《经络之研究》《经络治病讲话》《针灸真髓》《知热感度治疗学》《皮内针法》等书籍。

1954 年，江苏省人民政府聘请承淡安为省中医进修学校（南京中医药大学的前身）校长，他欣然赴任，得以在政府和人民的关怀支持下大展宏图。1955 年夏，他当选为中国科学院首批学部委员。从此，承淡安更是马不停蹄，力疾从公，在针灸理论、临床、教学、科研和中医学人才培养上倾注了全部的热情和力量，为中国针灸走向世界针灸的领先地位培养了大批精英，如其弟子邱茂良等都成为一代针灸大家。

1957 年，承淡安先生在苏州病逝，享年 59 岁。

承淡安先生一生为我国针灸的发展做贡献，创办针灸学研究社和函授班、东渡日本交流针灸学术、创办中国针灸学校和针灸疗养院。承淡安先生更是呕心沥血，培养后学，数十年来，他的授业门生达数千人，函授学员逾万人，遍及国内各省和东南亚、欧美地区，为中国针灸事业的振兴和中国针灸走向世界做出了卓越的贡献，使原本归于沉寂的中国针灸文化再现于世界民族文化之林。

承淡安先生有着针灸学术上的独特认识，他并不反对西医的流入，相反他认为中医与西医各有各的优点，主张中西合参，强调临床实践的重要性，取长补短，促进医学的发展。他所著的《中国针灸治疗学》和《伤寒论新注》就充分体现出中西医结合的特色。以承淡安先生为代表的针灸学术流派被针灸界称为澄江学派。在澄江针灸学派的启示和影响下，中西医汇通和基于临床的科学研究蔚然成风。

在针刺之法及人体腧穴上，承淡安亦有其独特见解。承淡安对针刺操作强调练习手法要狠下功夫，认为指下功夫深厚者，下针不痛，得气、行气操作自如，奏效迅速。因此，在教学中，他把练习指力、手法规定为学生的必修课。另外，承淡安认为，作为针灸施术的刺激点，医者必须明晰腧穴的定位结构。承淡安在《中国针灸治疗学》中，详细考察每个腧穴的定位和解剖结构。在书中，他还引入人体骨骼图、人体肌肉图、人体血管分布图、人体神经分布图，并按照解剖部位标记各腧穴所处位置，使读者一目了然。在《经穴图解》一书中，承淡安按头、躯干、手、肘、膝、足等部位，绘制了 17 幅经穴骨骼图，将腧穴与骨骼的关系描述得清楚明了，十分便于学习。有感于经外奇穴颇多特效的临床经验，承淡安对经外奇穴也极为重视。1954 年出版的《中国针灸学讲义》共收录他收集整理的经外奇穴 132 个，且分别记述了各穴名称、位置、针灸方法和主治病证，供临床医家采用，这对于后世针灸的推广传播与临床治疗有着深远的影响。

承淡安极重视补泻手法，他提出了多种不同的操作方法，区分各种不同的刺激量，以适应各种不同病证。而且在针灸研究、教学实践中，承淡安一方面强调首先要弄清中医理论，并从临床上去摸索和证实阴阳、五行、营卫、气血及解剖学上难以理解和认识的经络，才能探讨针灸治病机理。另一方面，在学习研究的基础上，积极将日本对针灸的研究方法和成果吸纳到自己的著作中，并试图运用巴甫洛夫神经反射理论阐述针灸作用机理。

承淡安还十分重视灸法的运用，他阐明了艾灸治疗的现代机理，量化艾灸操作。综合中西医学理论与研究成果，他认为灸法可以活跃脏腑机能，促进新陈代谢，调整人体各系统之功能，不仅可以治病，亦可防病保健，延年益寿。为便于准确把握灸治量，他制定了强、中、弱刺激的临床灸治操作标准，并对施灸部位的选择和灸治现象进行了总结分析，较好地推动了灸治操作的规范化。他晚年更是著有《灸法草稿》一书，为灸法在国内外的传播打下了基础。

承淡安还力求针灸器械的革新。鉴于我国一直没有专门的针具生产单位、针具制作规范缺如的实际，20世纪30年代，承淡安在《中国针灸治疗学》中，对毫针的制式标准和质量要求做了严格的规定，并于1951年尝试以不锈钢制作针灸针，从而奠定了现代毫针制作标准的基础。同时，受日本赤羽幸兵卫的皮内针疗法的启发，承淡安不仅仿制了皮内针，更在此基础上创制和发明了使用更加方便的揿针。此外，他还对温灸器、皮肤针、针灸经穴模型等进行了改进和创新，且在20世纪30年代已经开始应用电针灸，并取得了一定成果。其试制皮内针、揿针、梅花针、艾条灸等，经临床试用肯定疗效后，推广应用。目前这些针灸器具在国内外已广泛用于临床。

承淡安先生在教学医疗之余从事著述，毫不懈怠。他一生撰写论文数十篇，出版医著12种，译作4种，主要著作有《中国针灸治疗学》《针灸治疗实验集》《中国针灸学》《校注十四经发挥》《铜人经穴图考》《针灸精华》《伤寒论新注》等，为弘扬中国针灸提供了大量有价值的文献资料。《中国针灸治疗学》是他编撰的具有代表性的一部针灸专著，成书于1928年，刊行于1931年。该书的主要特点就是将新旧学说融会贯通，大量引进近代生理学、病理学、解剖学知识，特别是在阐述腧穴定位时，既有现代解剖部位解释，又有人体照片实录，使初学者易于掌握。书中还总结了200多种疾病的针灸治疗方法，涉及内、外、妇、儿、五官等各科，对后世具有很深的影响。

另外，承淡安先生开创的澄江针灸学派，历经百年沧桑，为中国针灸乃至中国医学事业的繁荣做出了历史性的贡献。虽然澄江针灸学派的学术还处于发展之中，但毋庸置疑，在澄江针灸学派旗帜的引领下，络绎不绝的学派传人正以承淡安先生为精神动力，在教学、临床、科研等各个岗位继往开来，努力造就祖国医学新的辉煌，为使针灸仁术更好地造福人类健康而努力奋斗着。